EN PROFONDEUR

MANDALA COLORIAGE LIVRE
OCÉAN EDITION

Coloring Bandit

Publié par Speedy Publishing Canada Limited

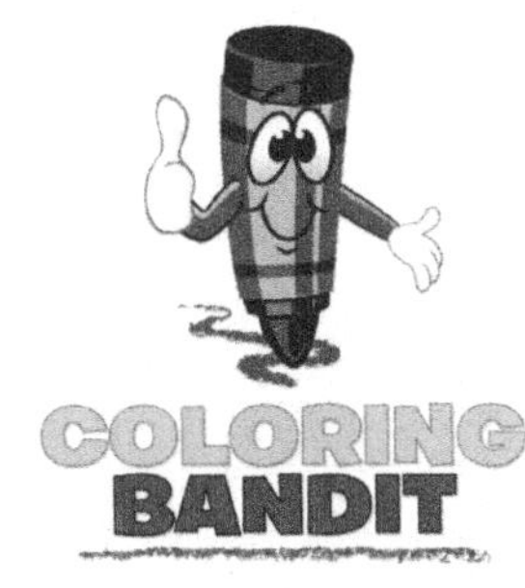

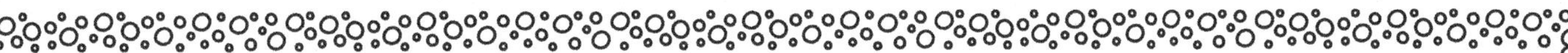

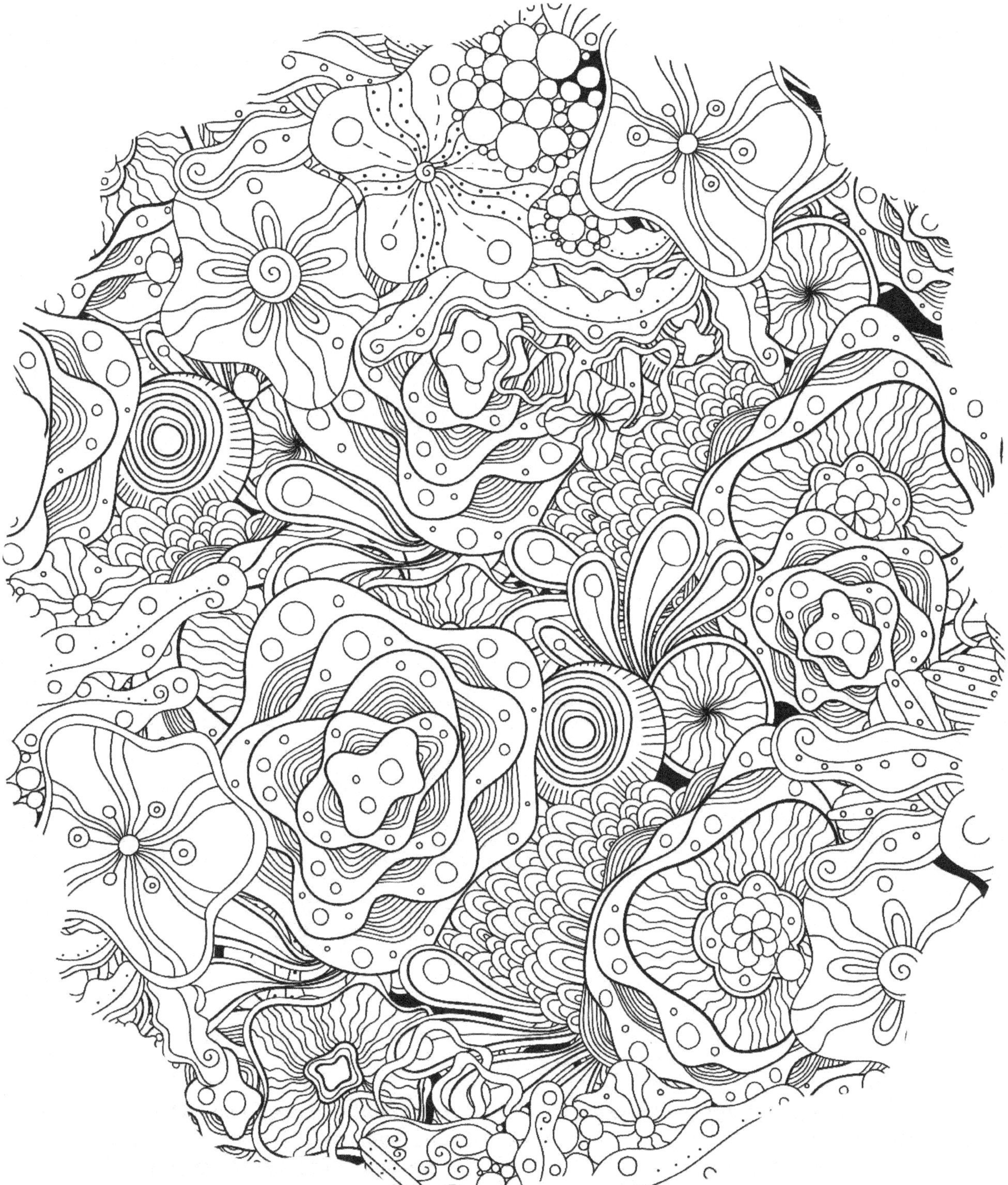

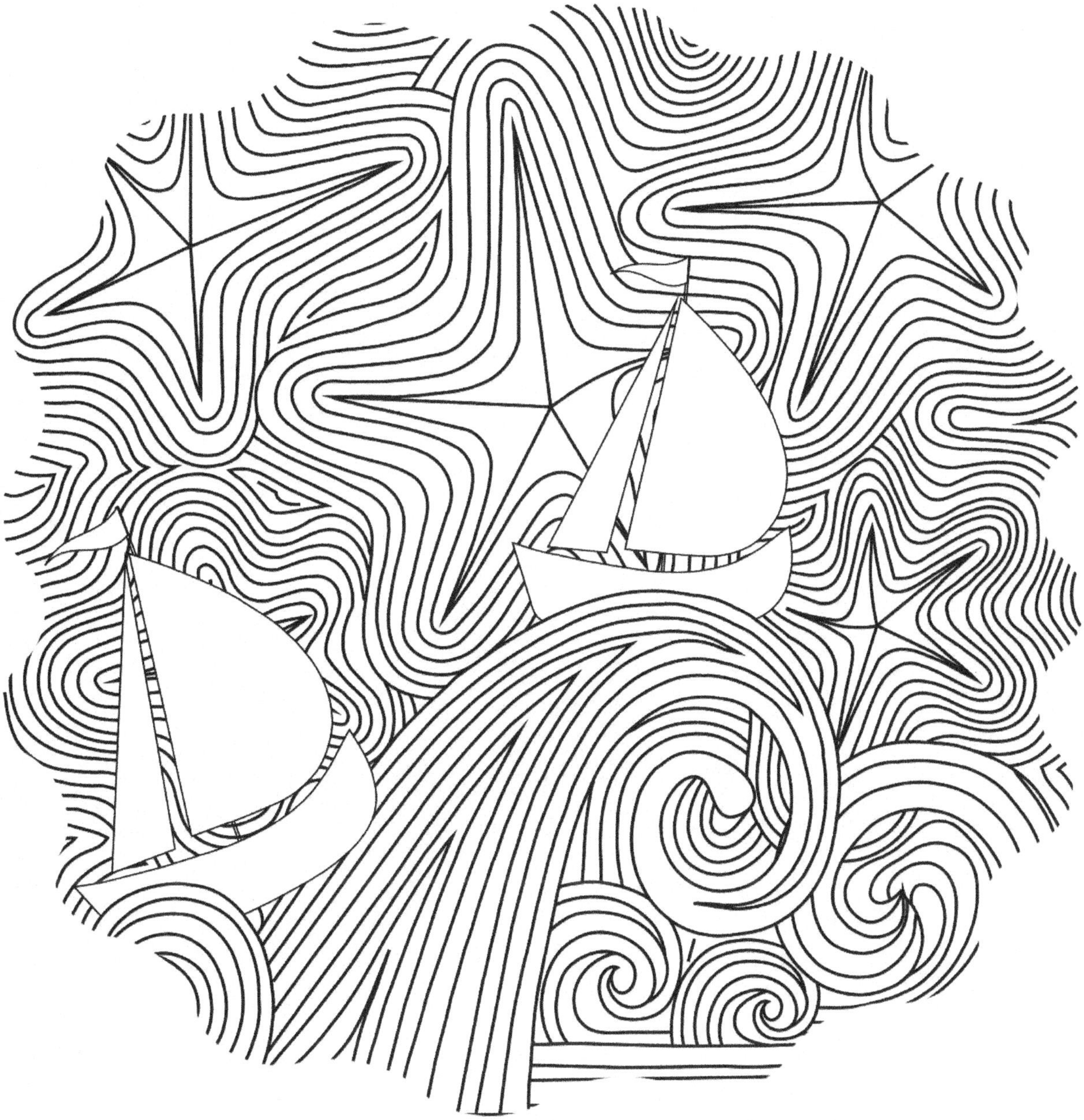

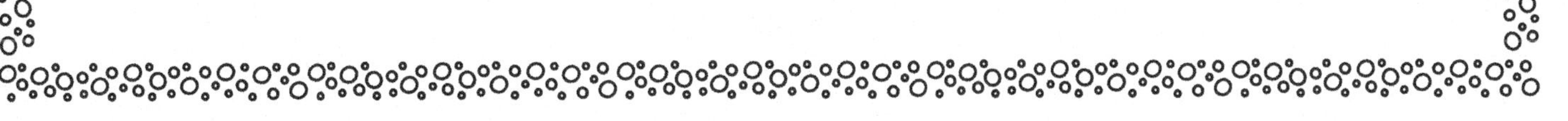

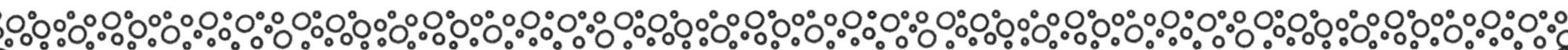

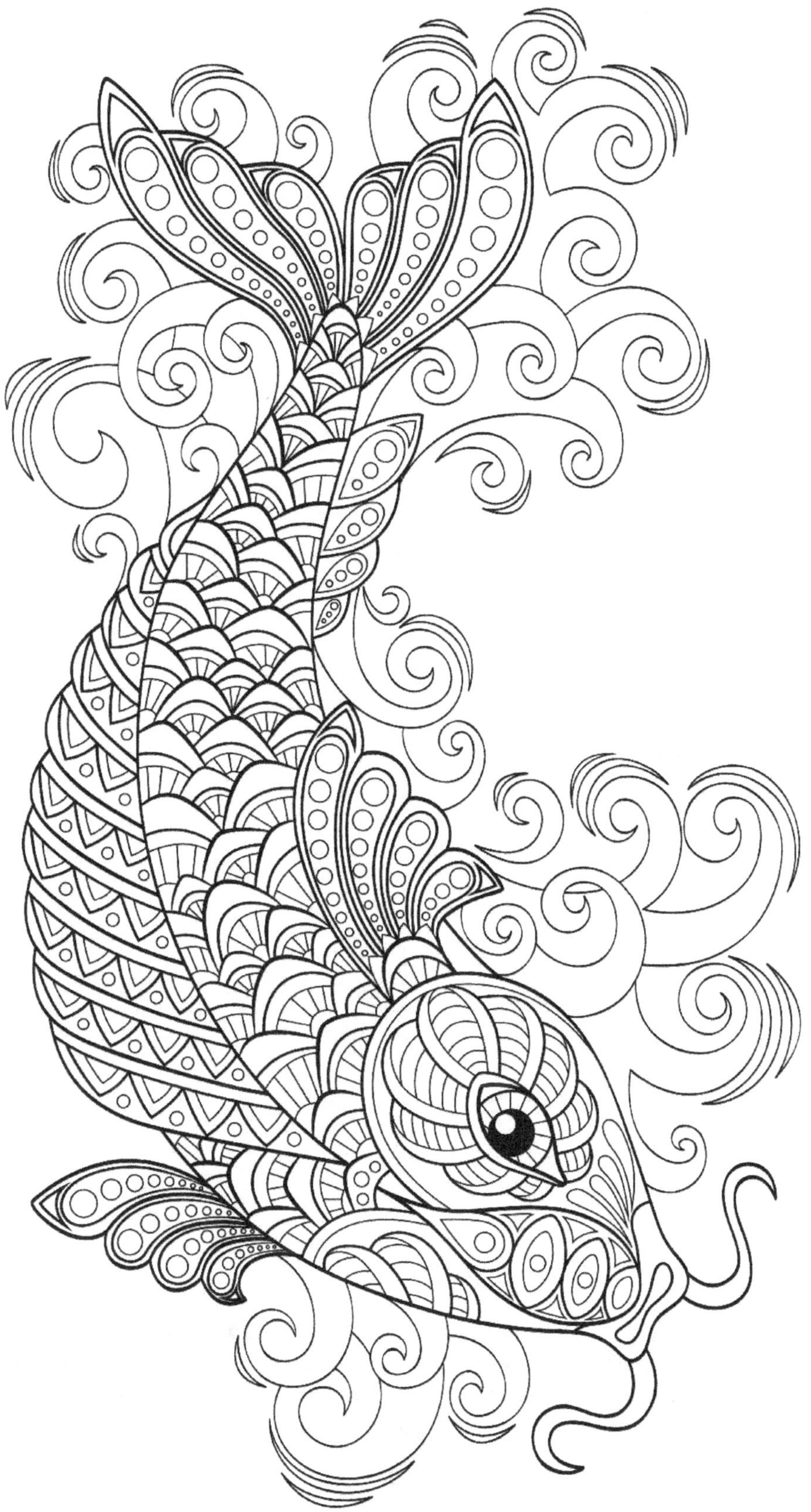

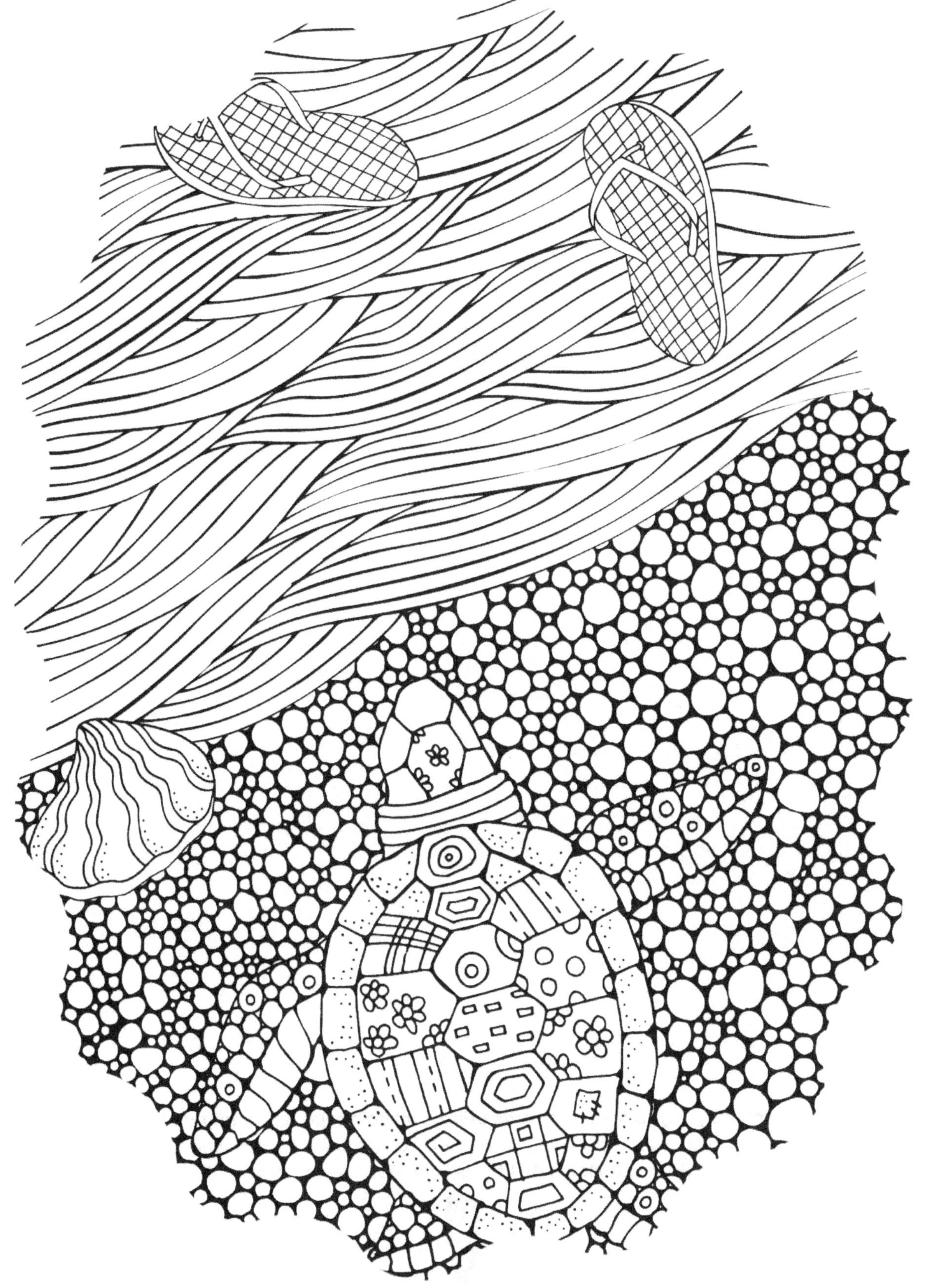

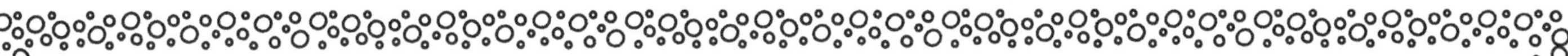

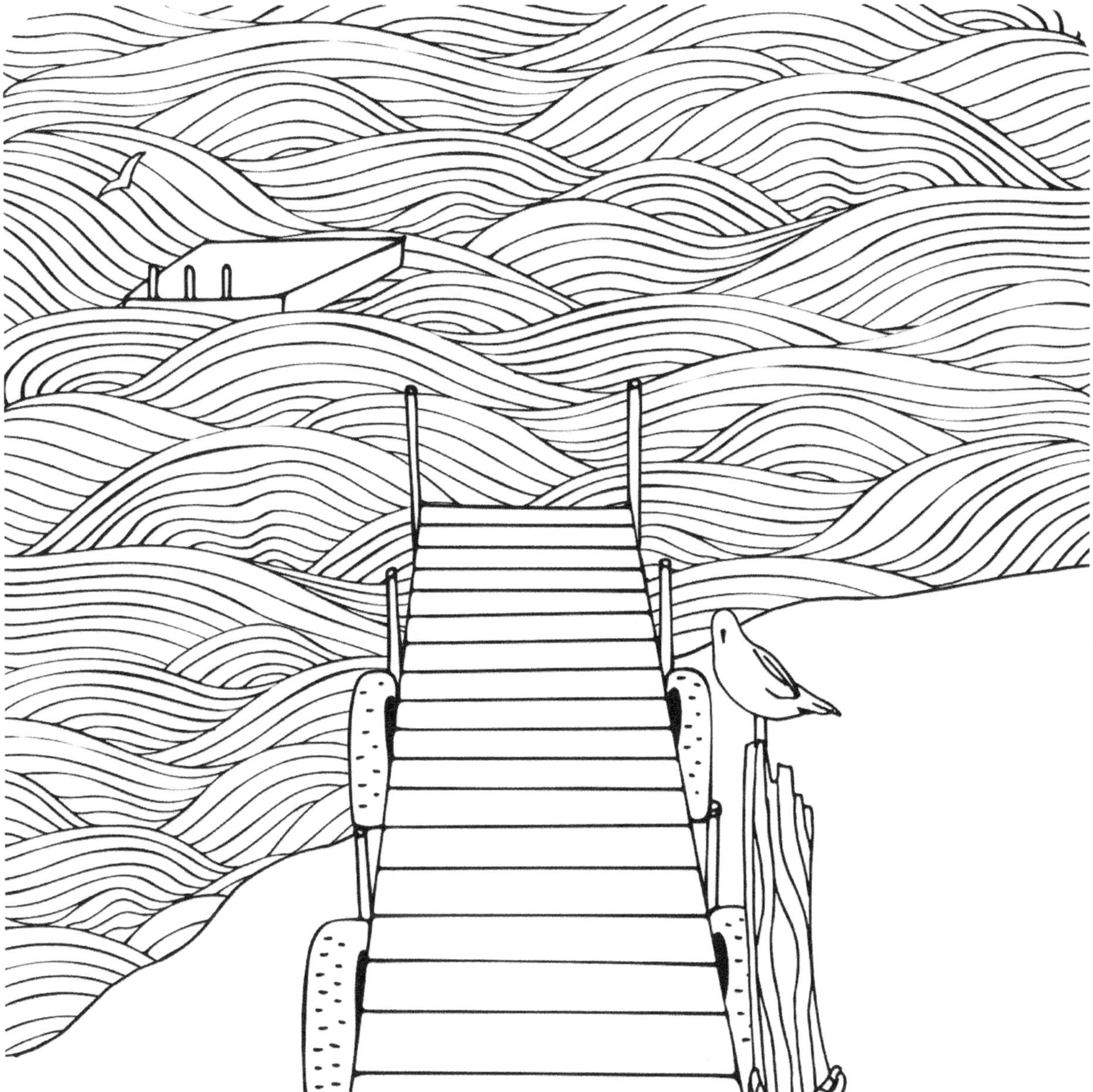

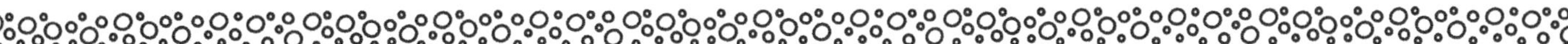

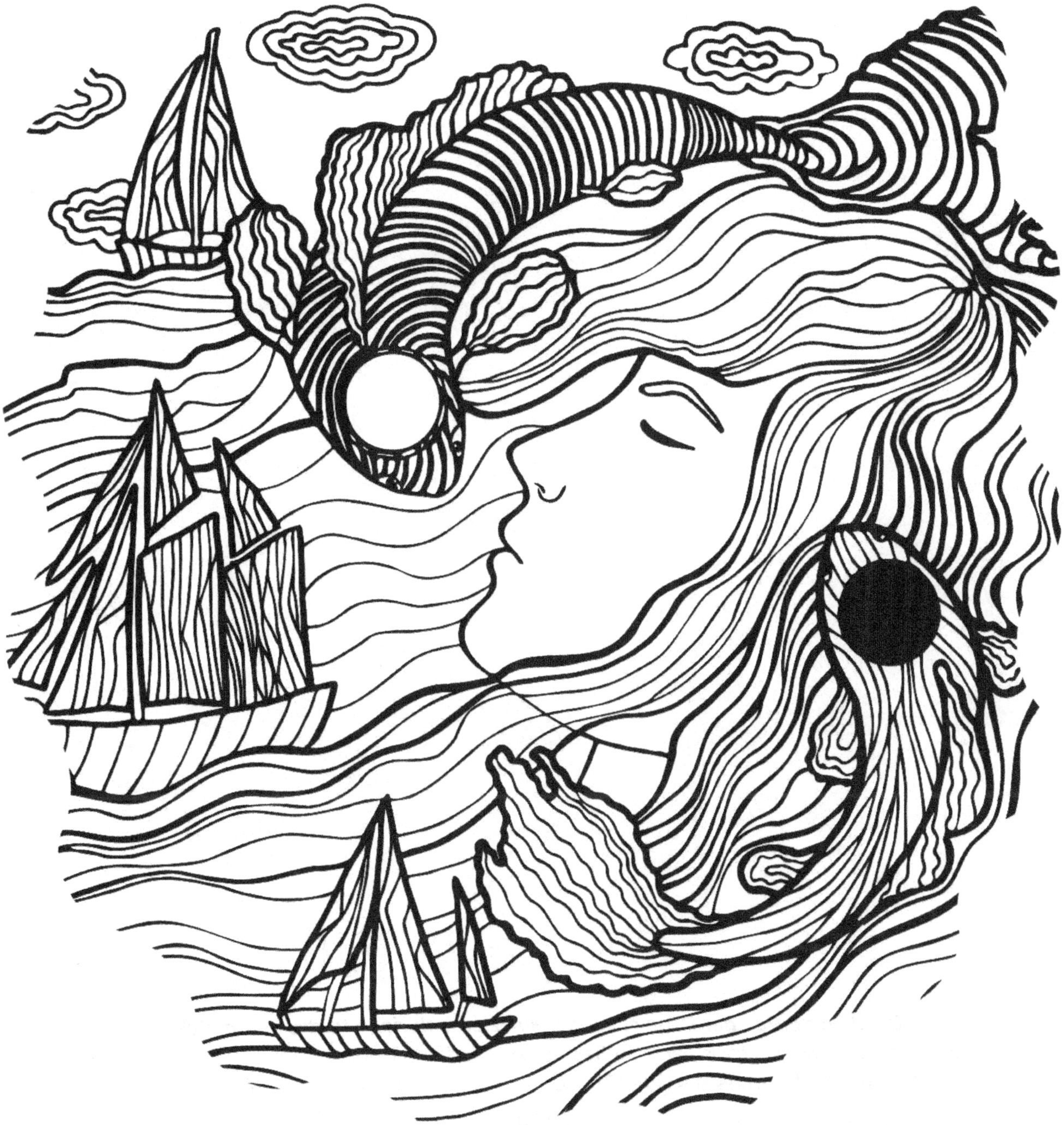

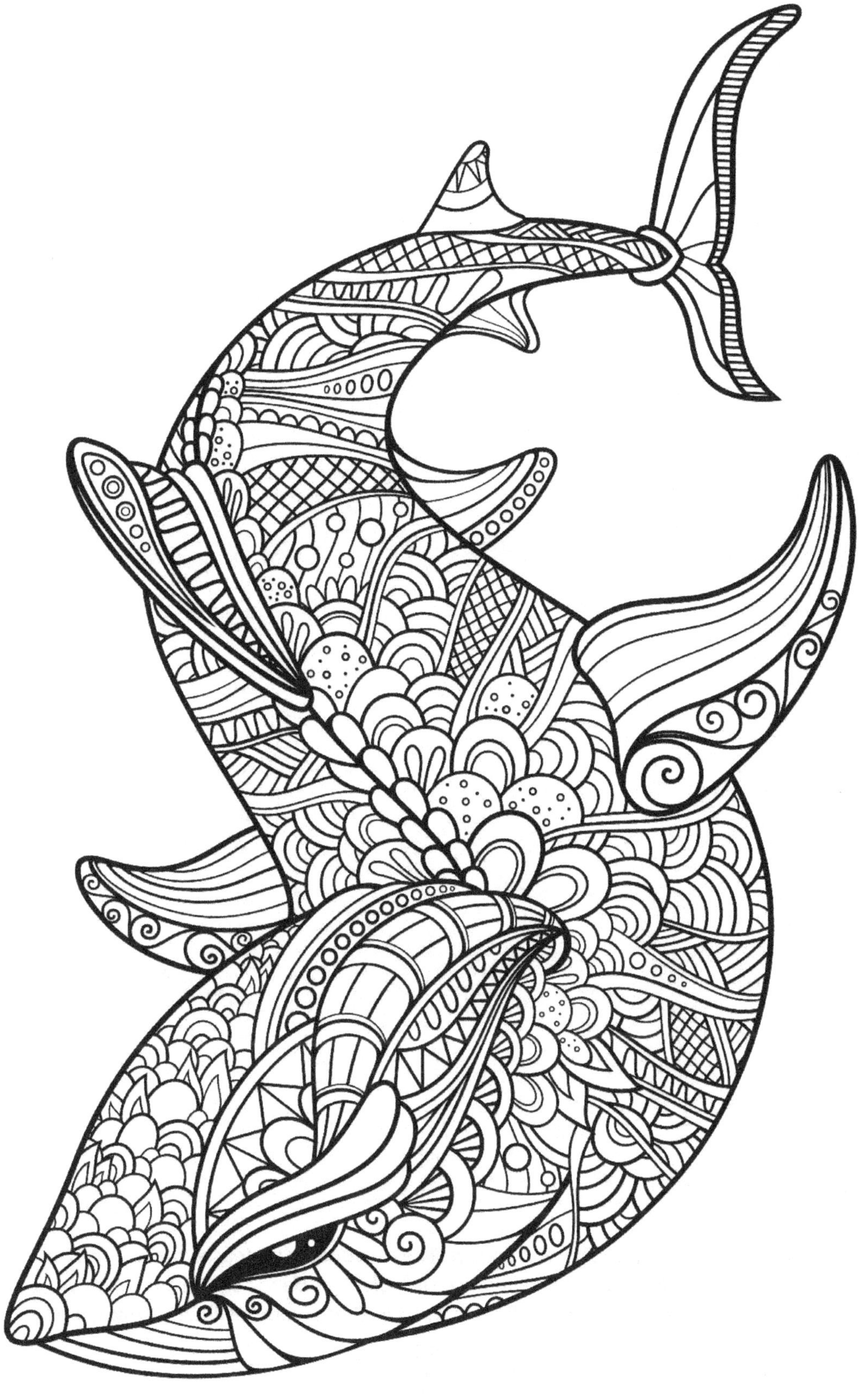

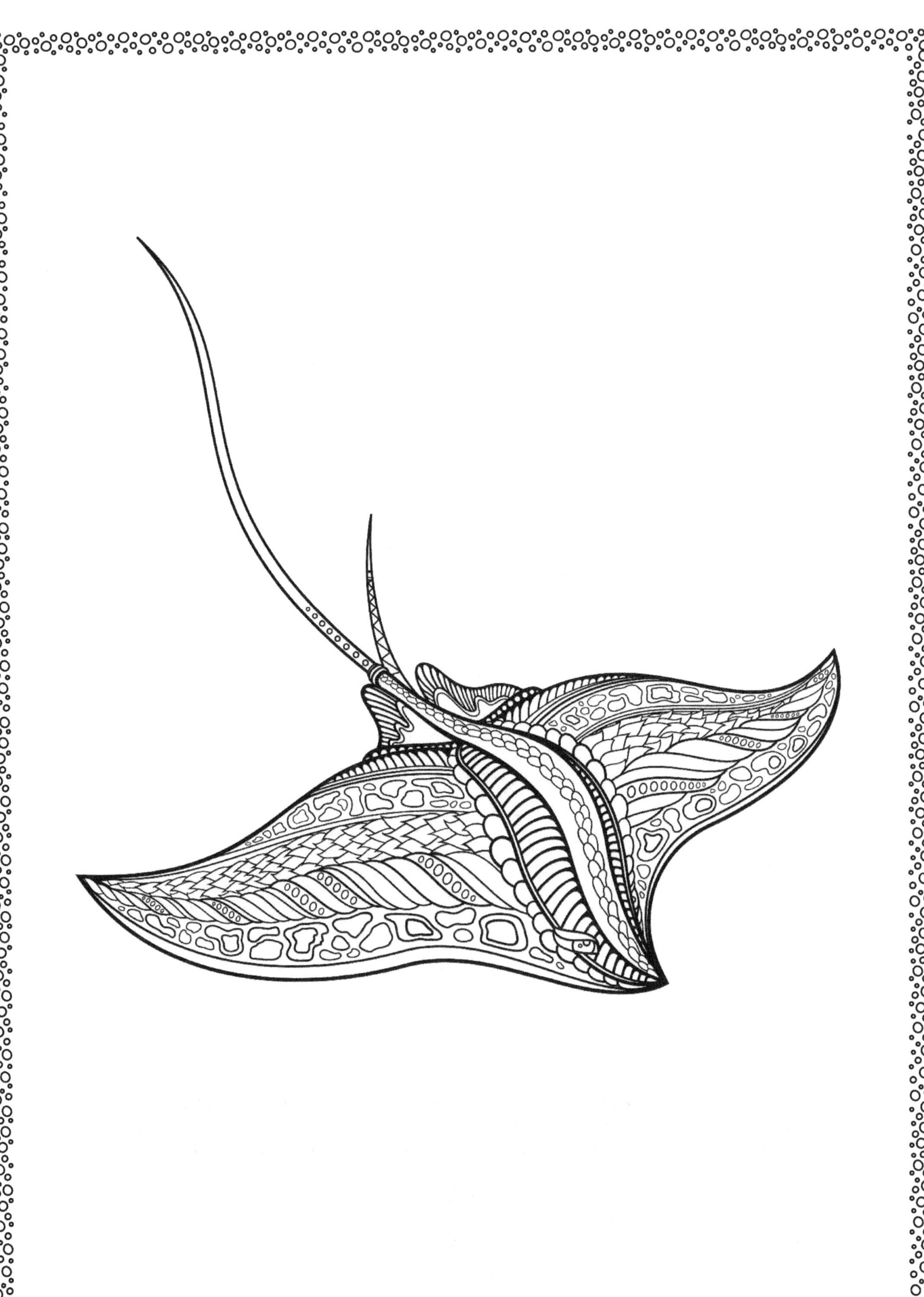

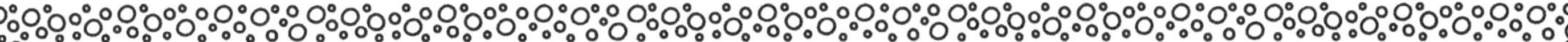

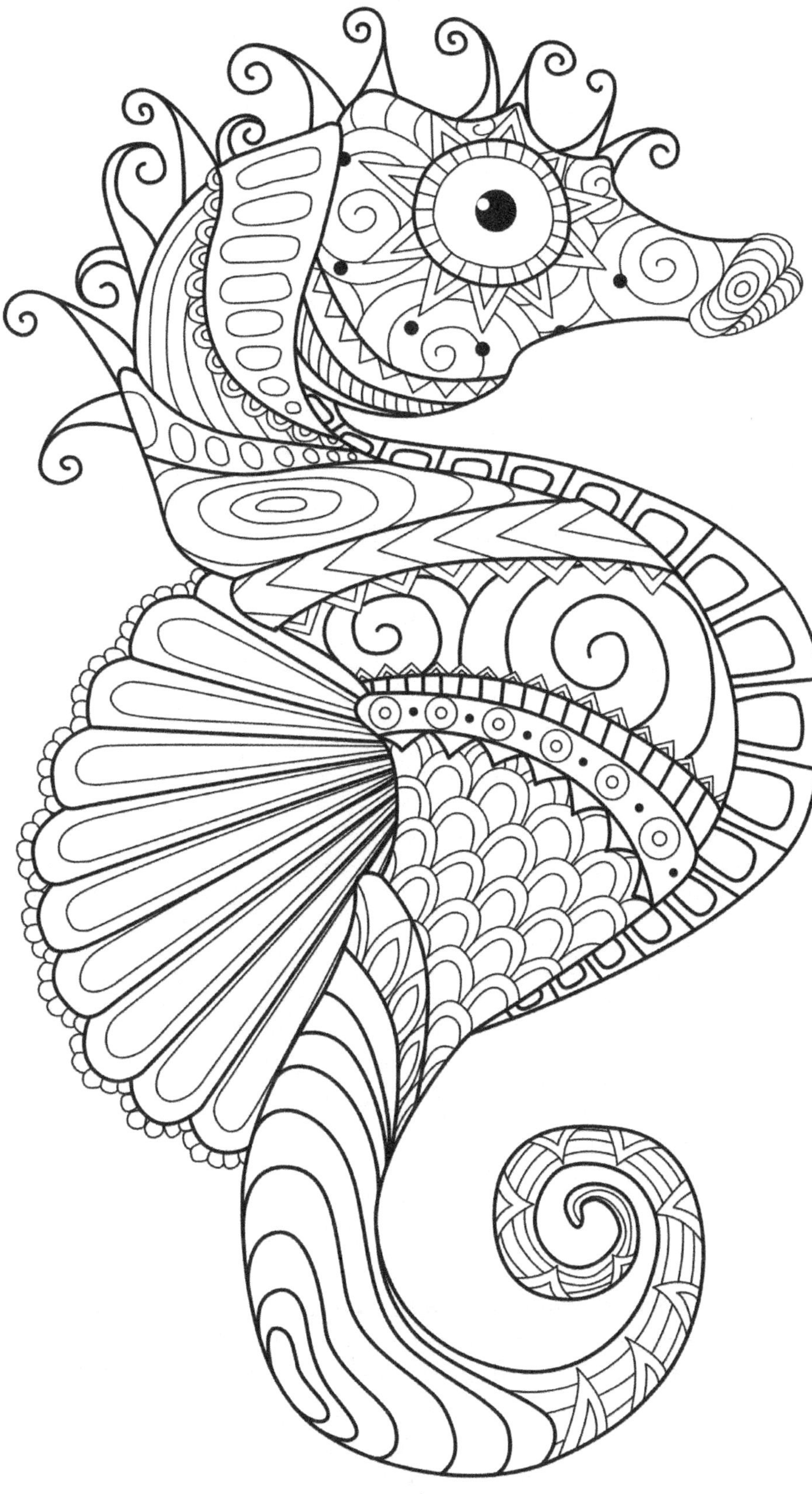

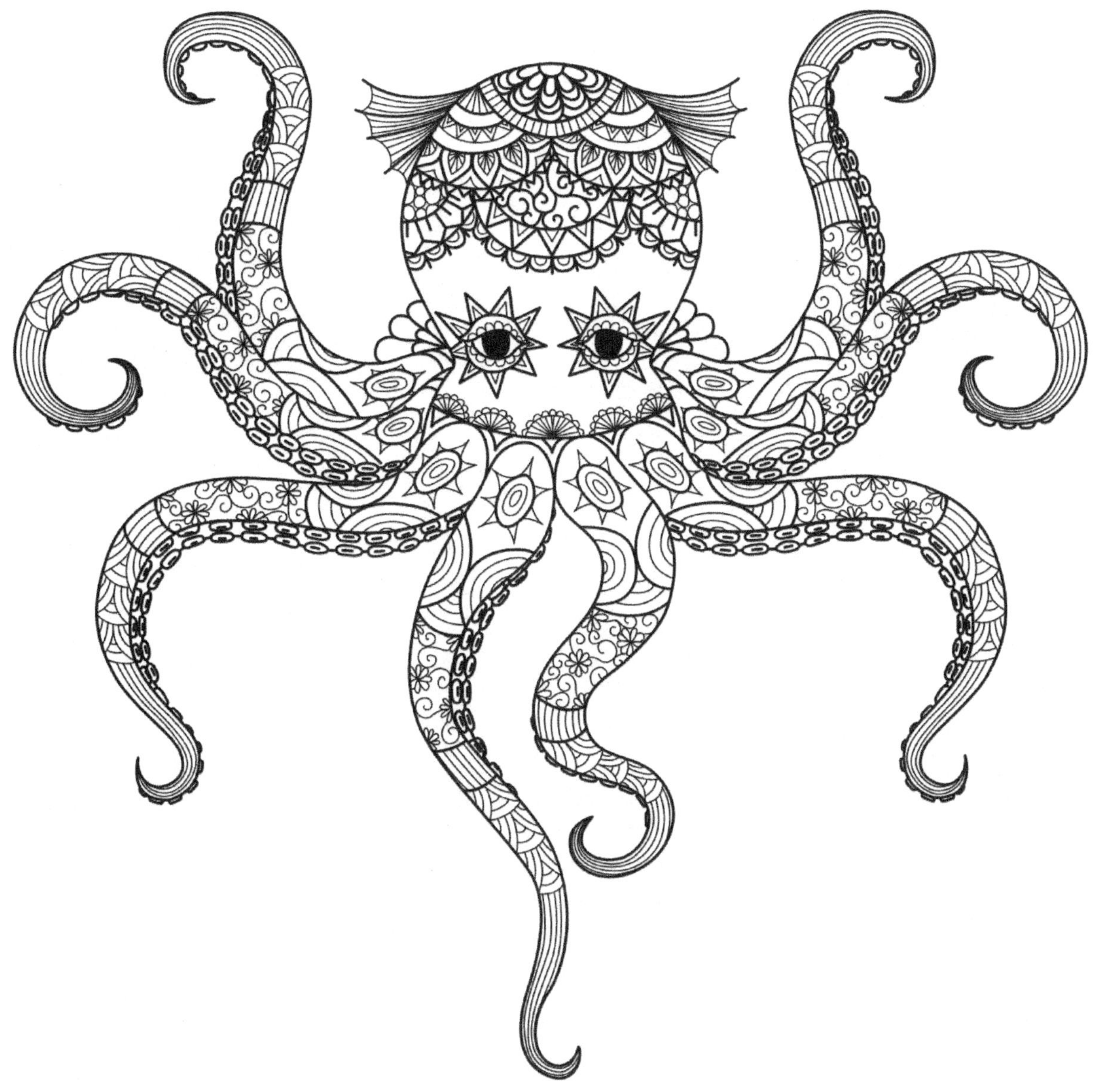

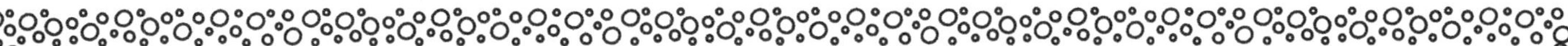

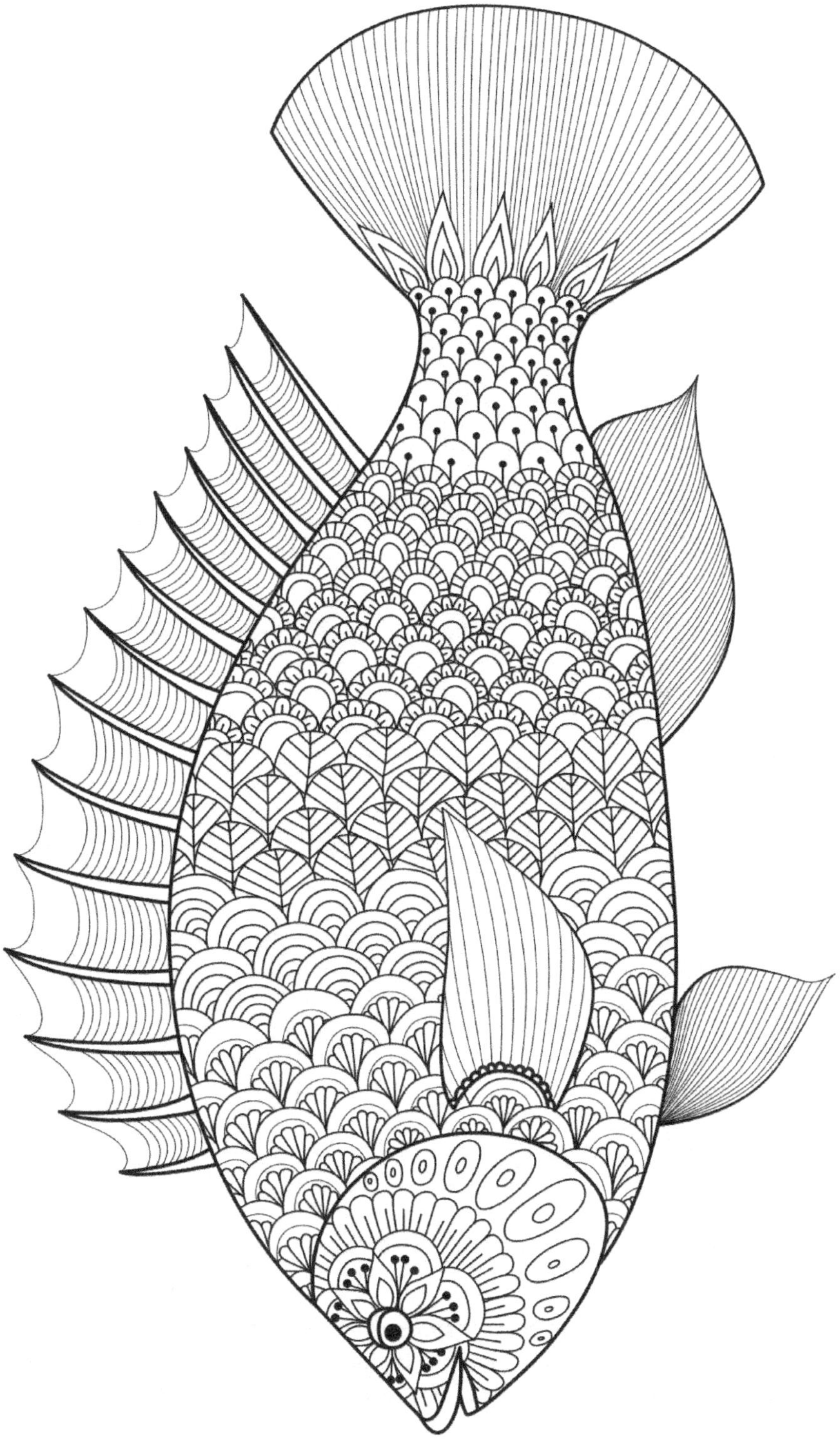

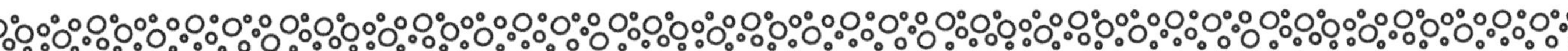

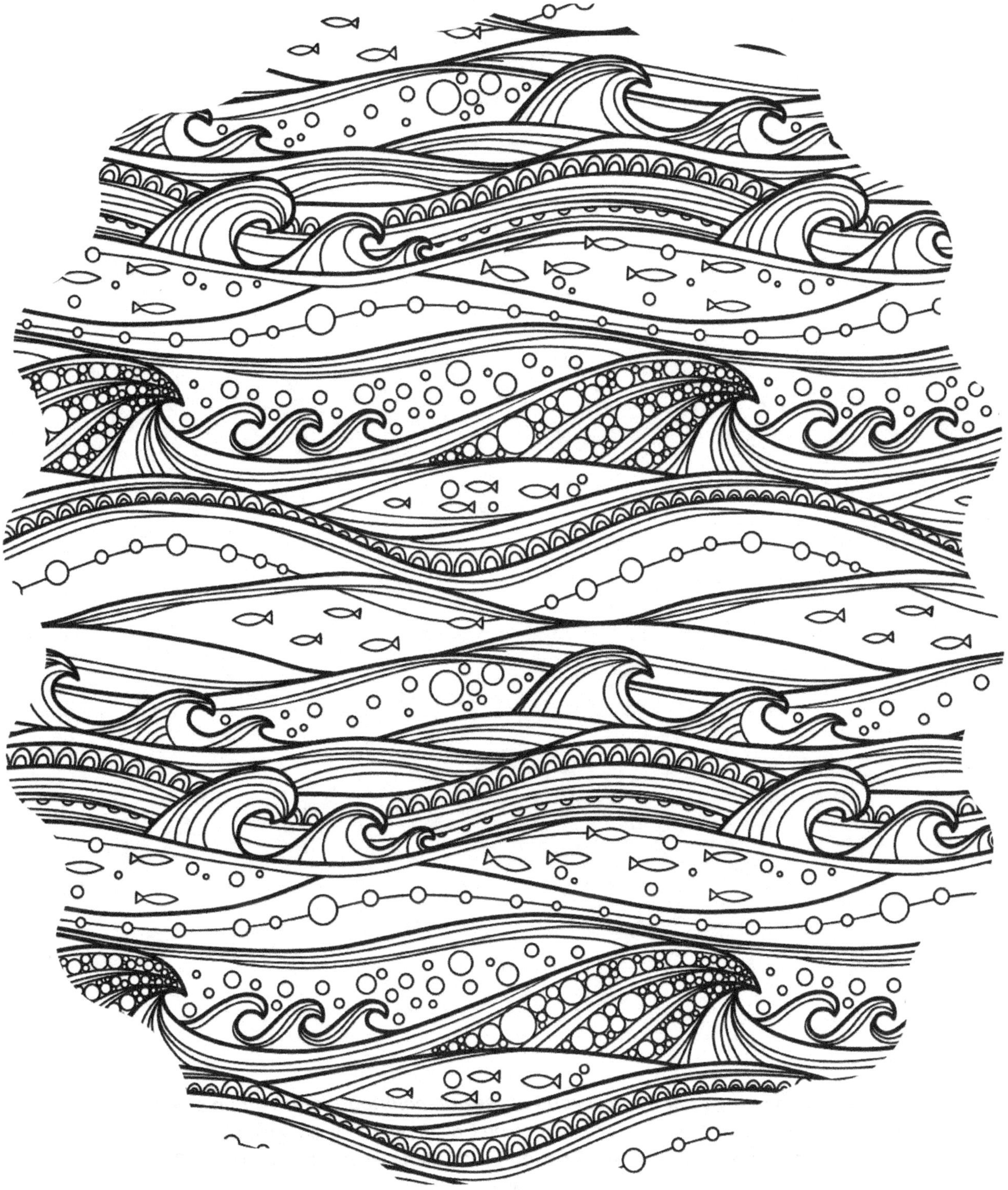

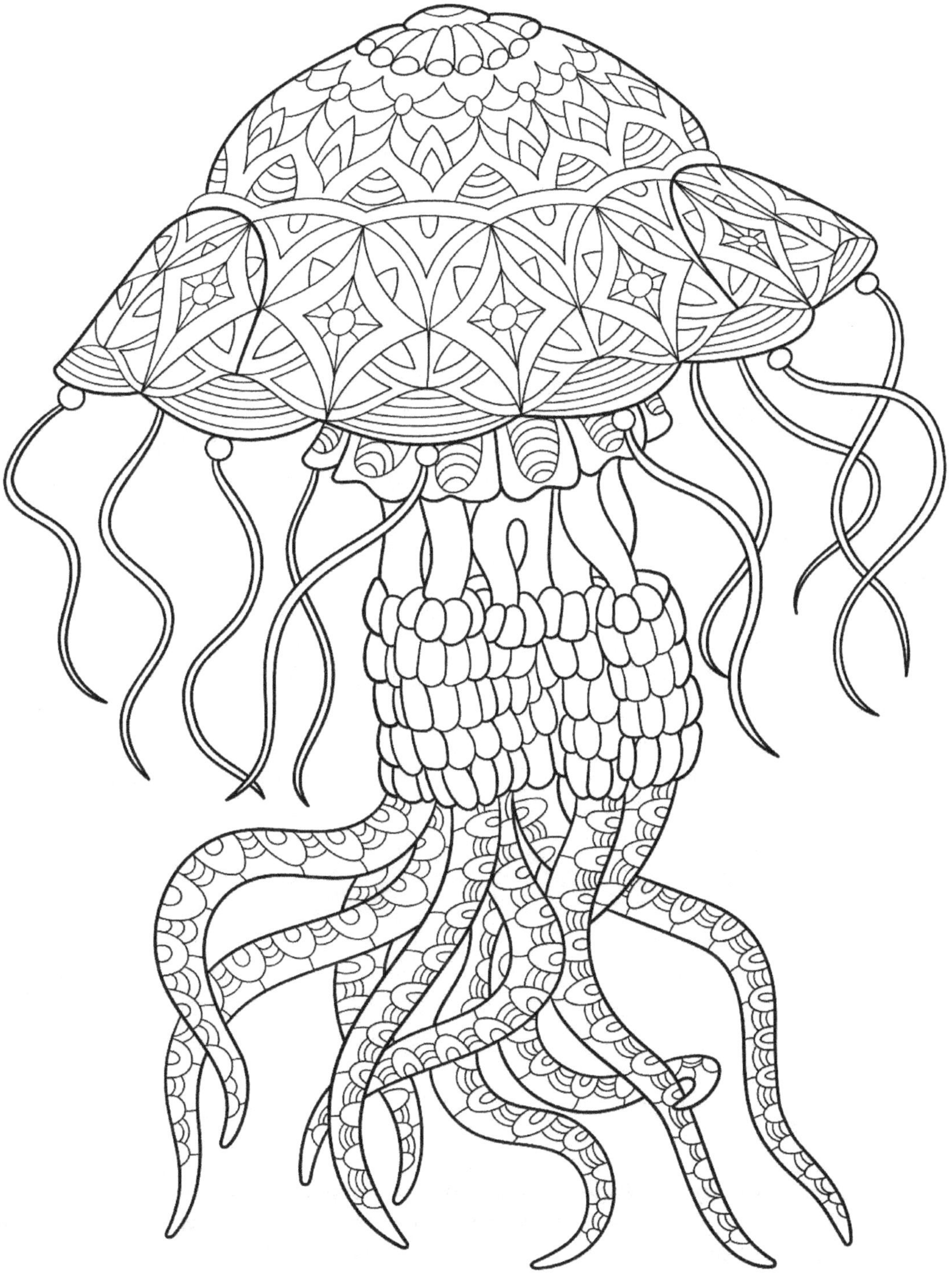

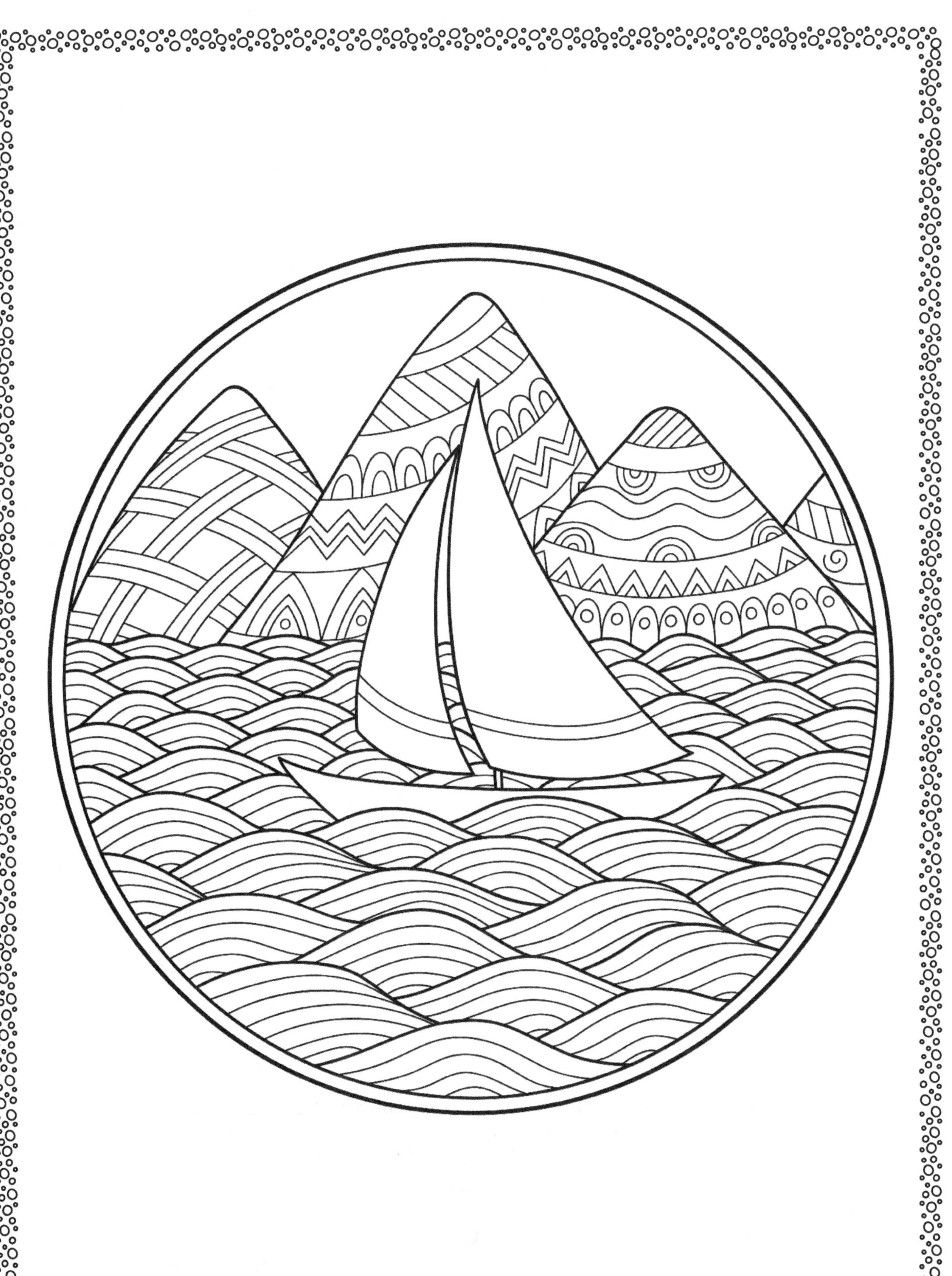

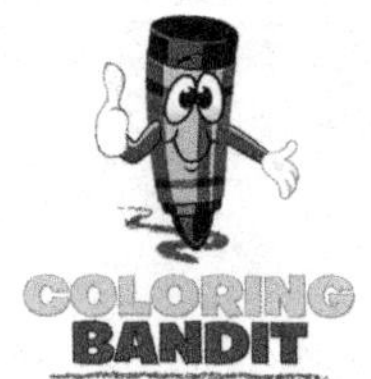

COLORING
BANDIT

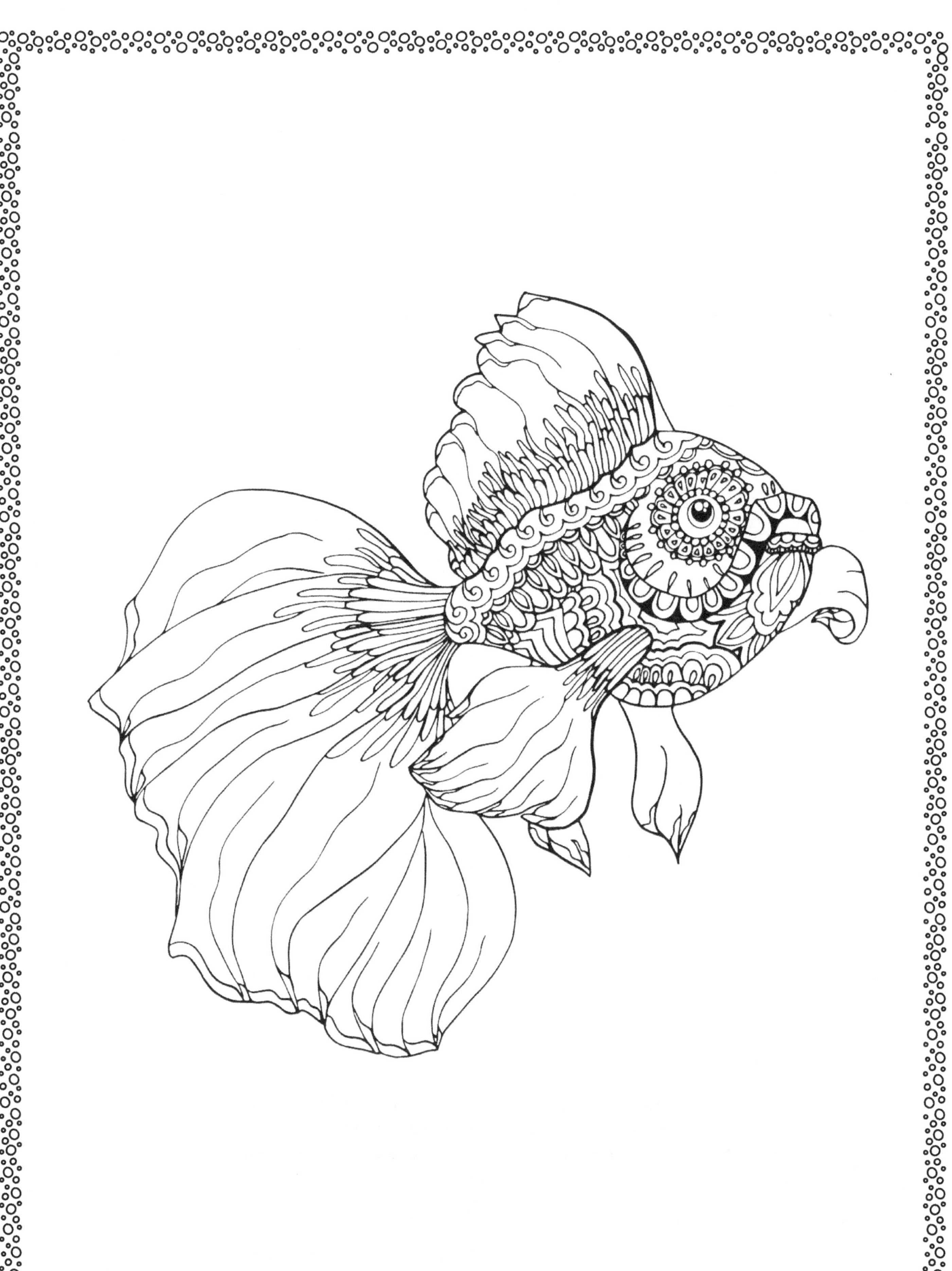

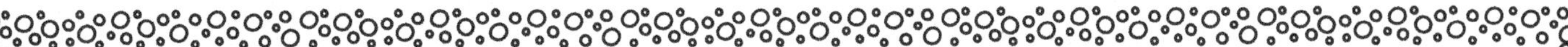

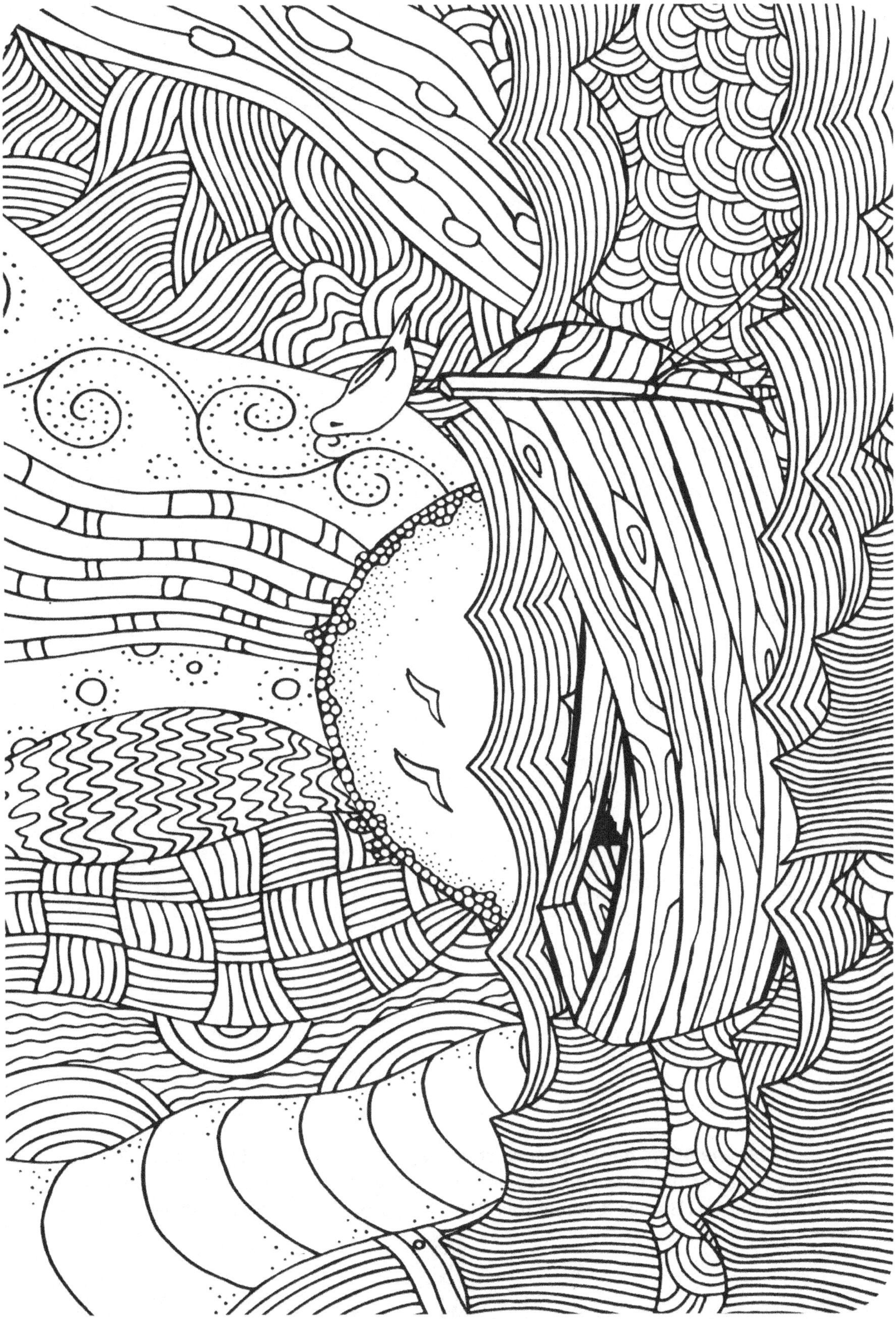

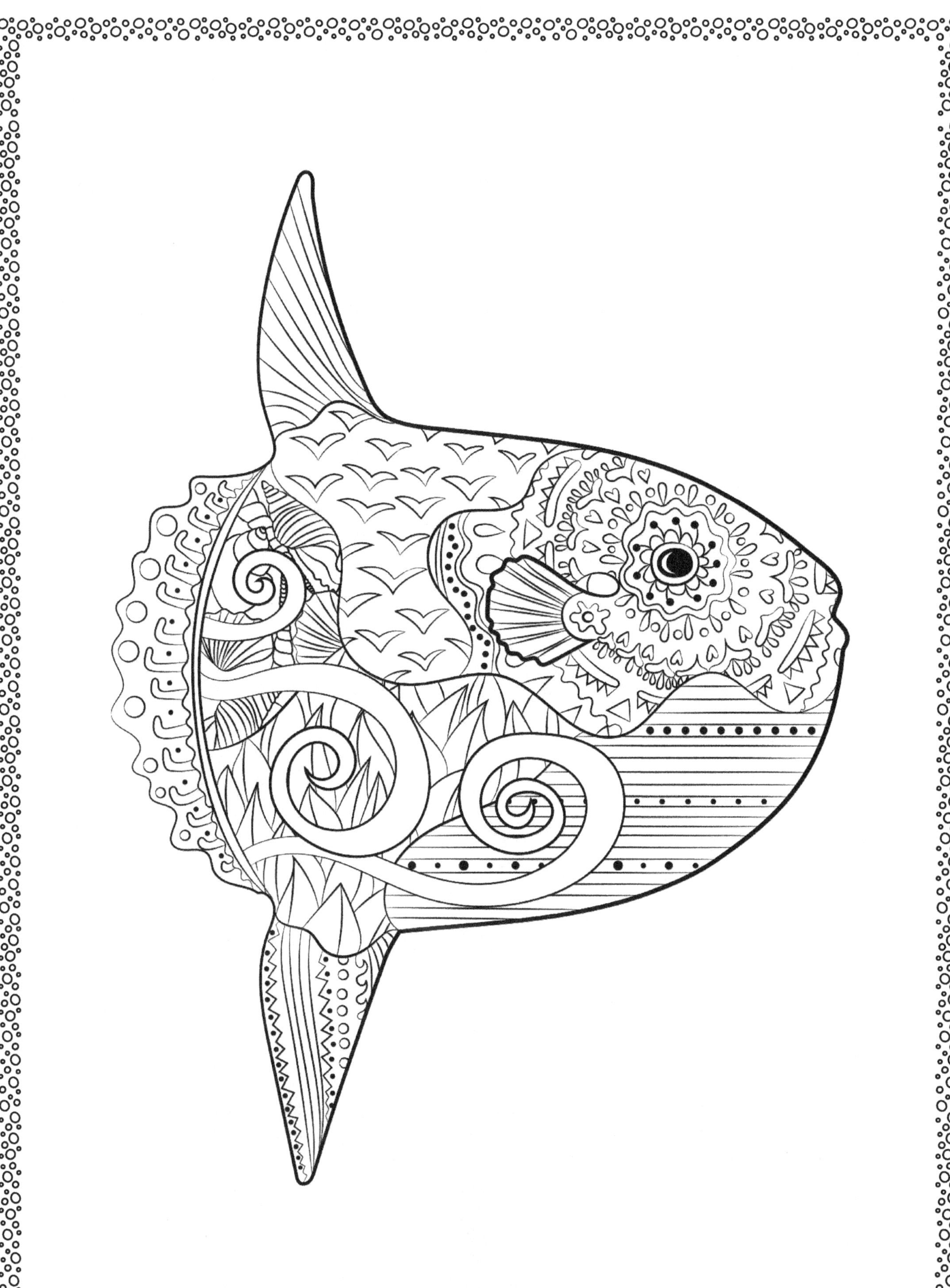

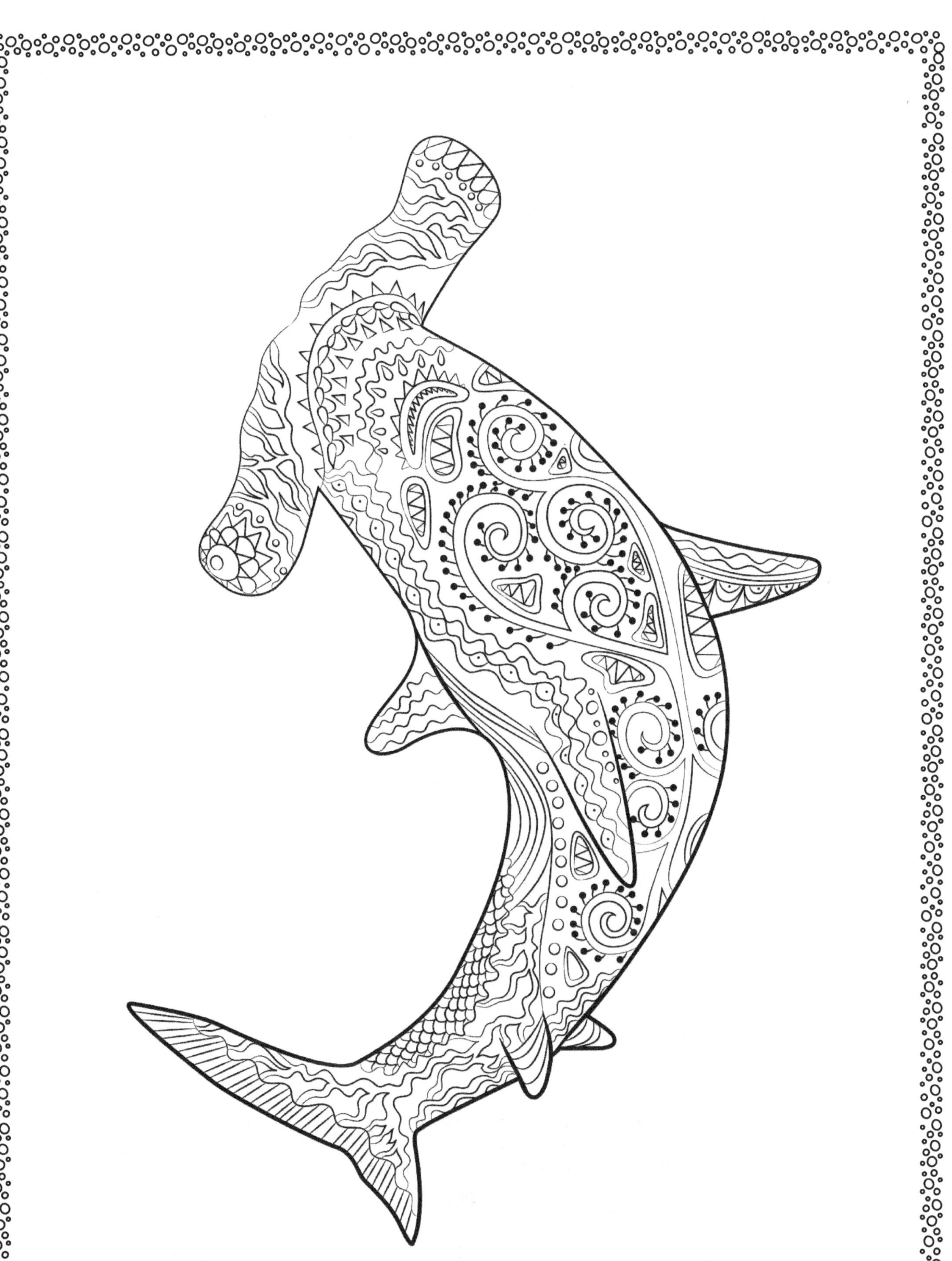

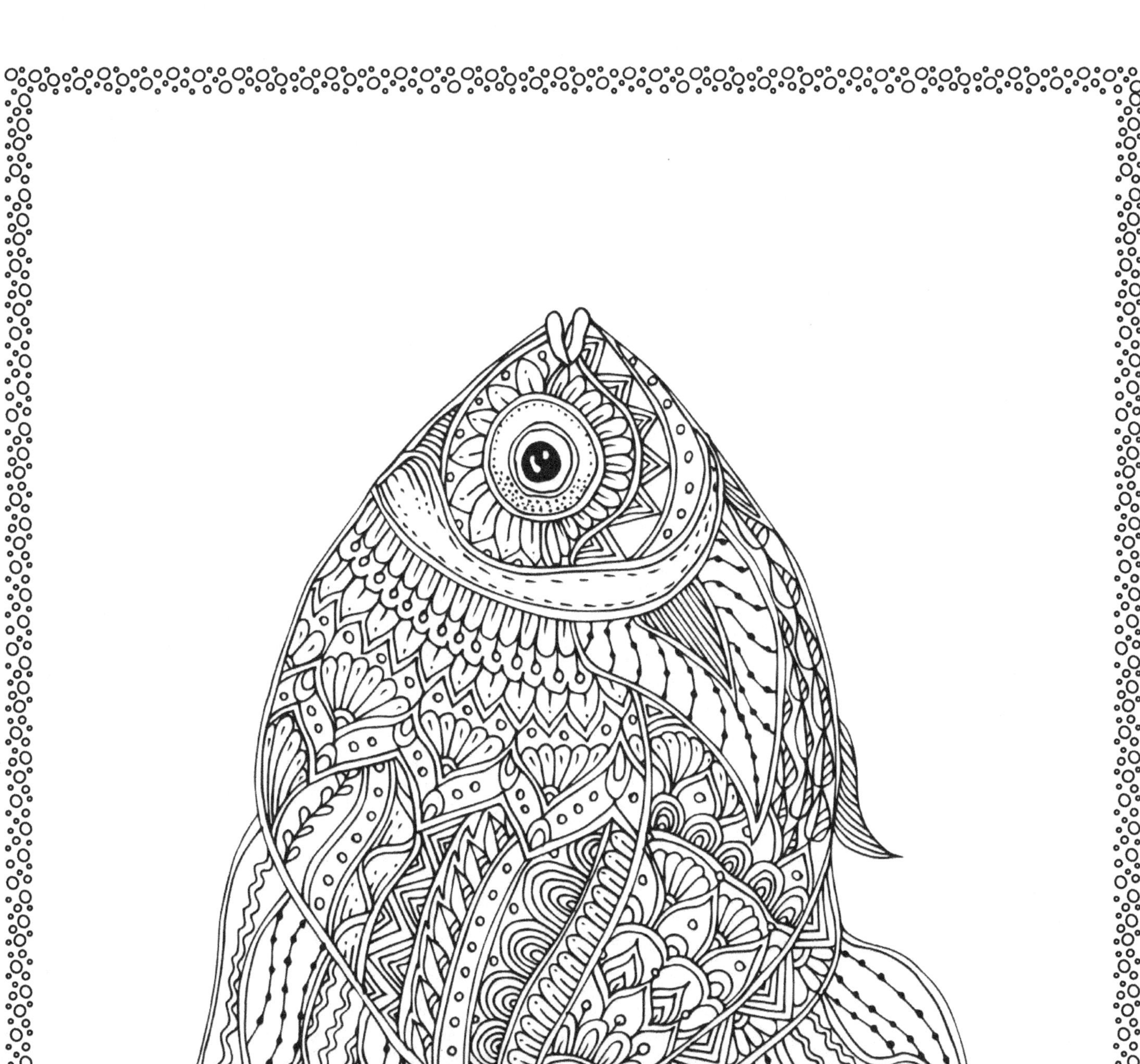

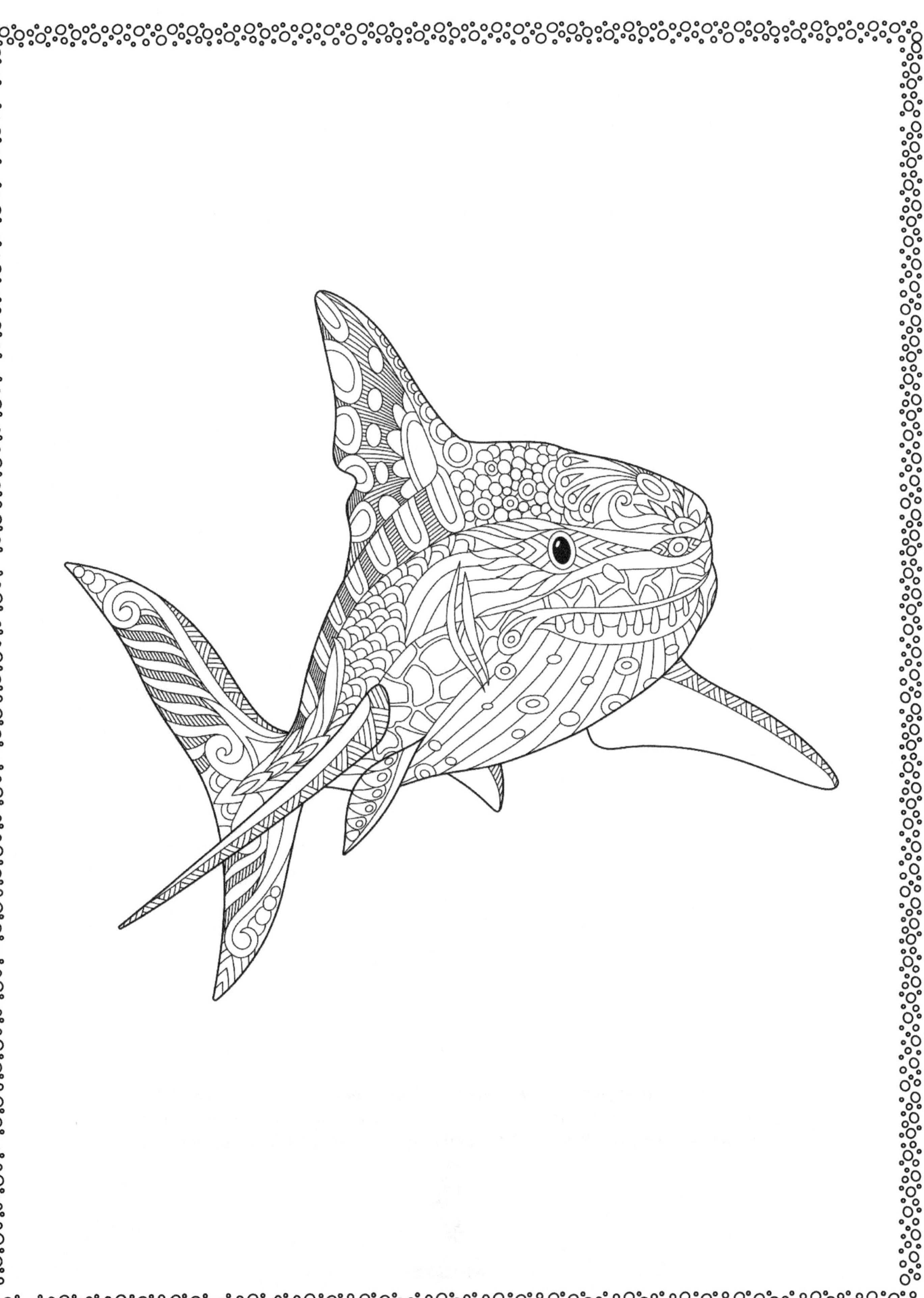

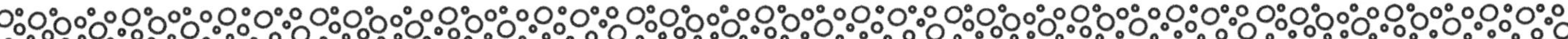

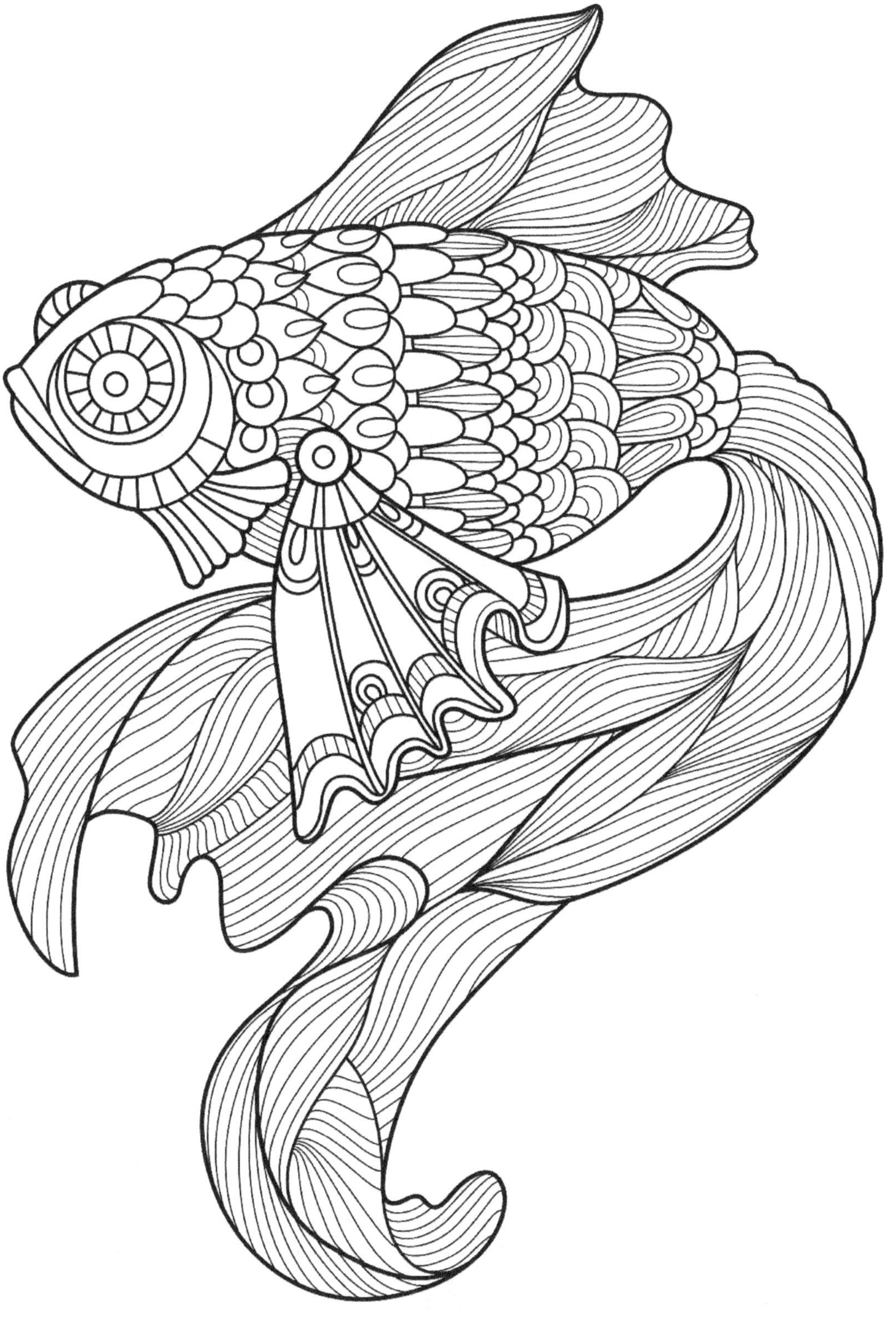

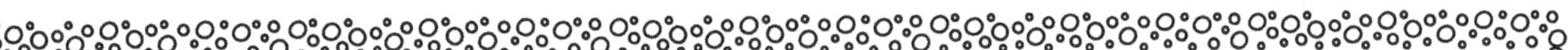

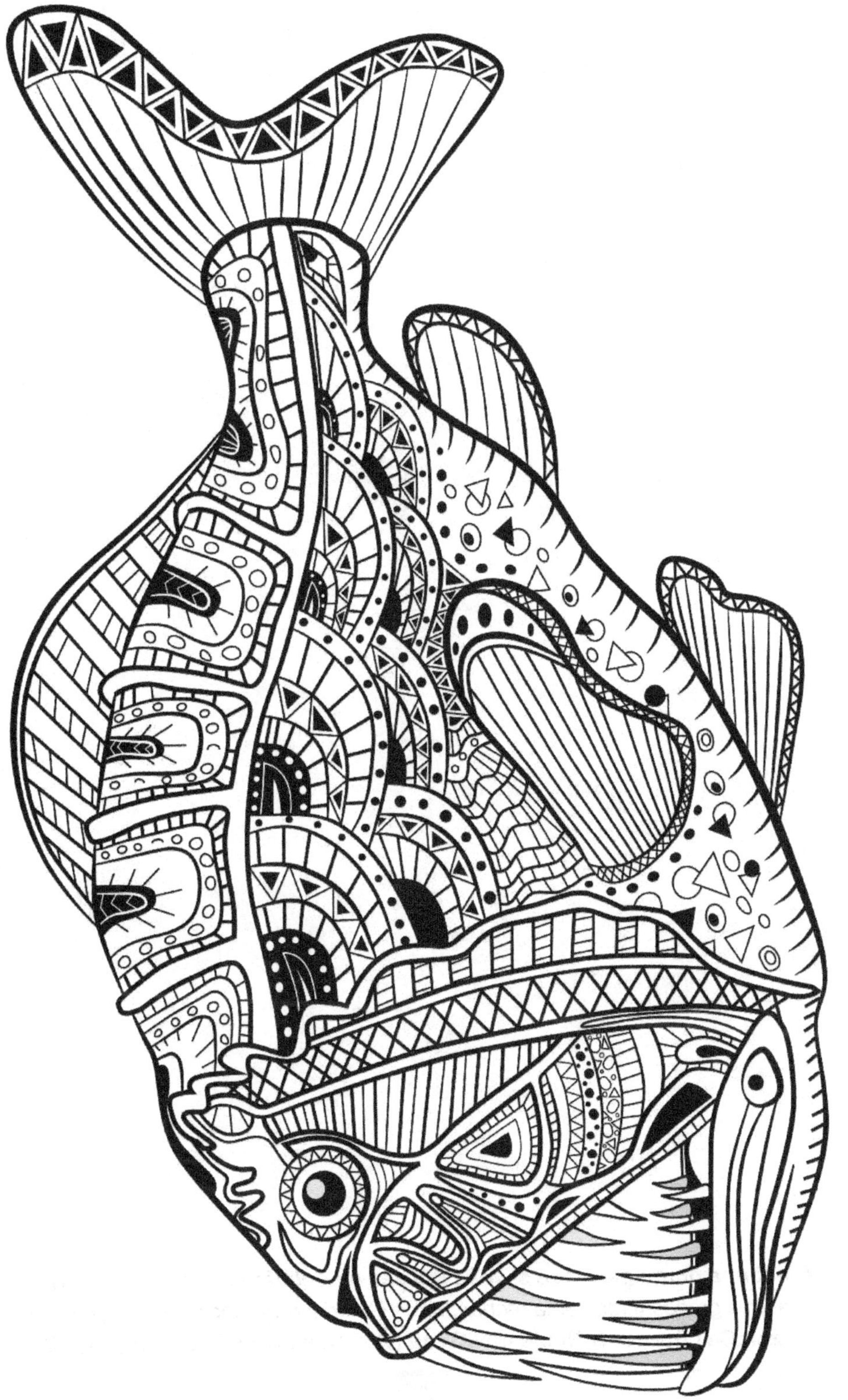

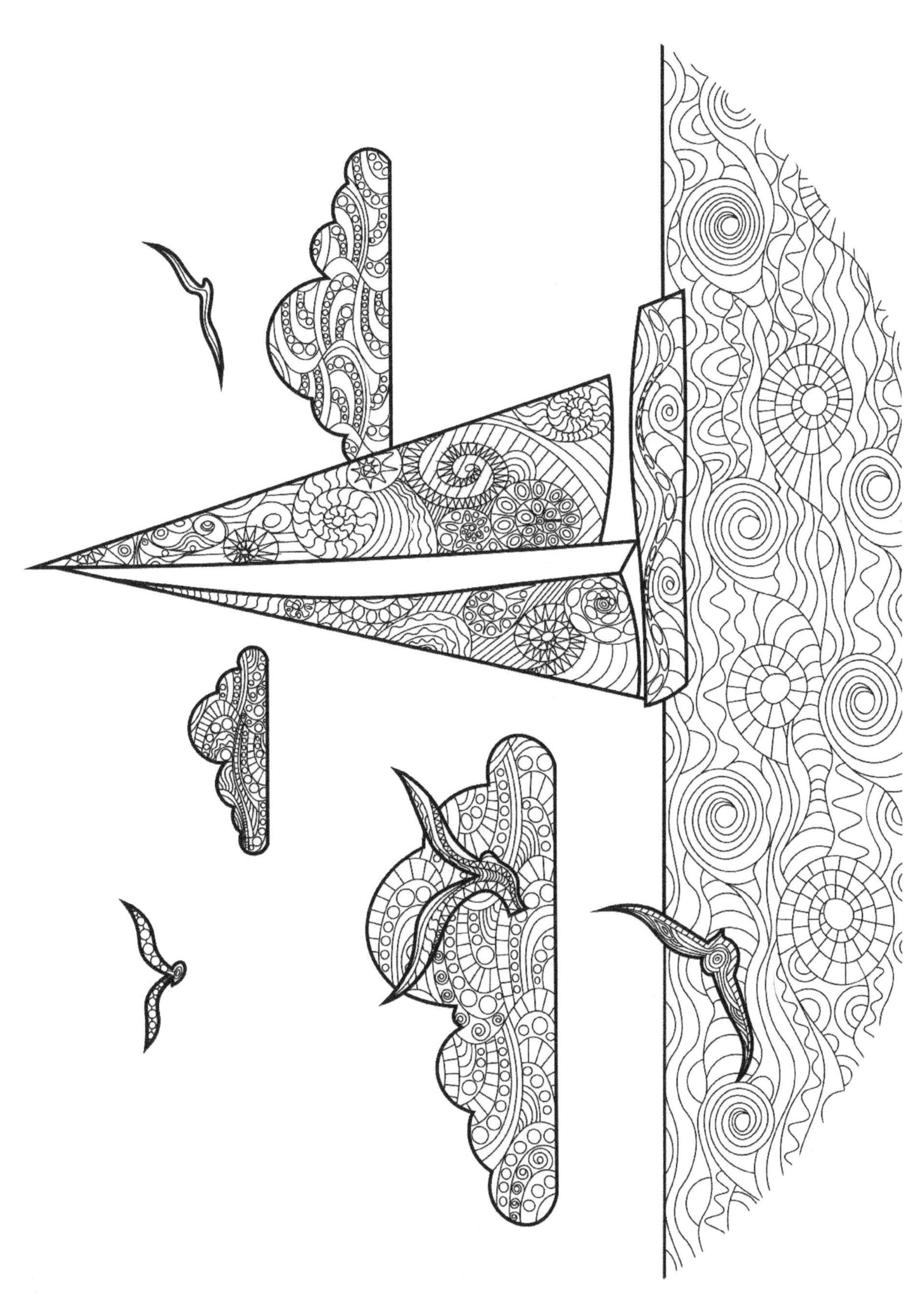

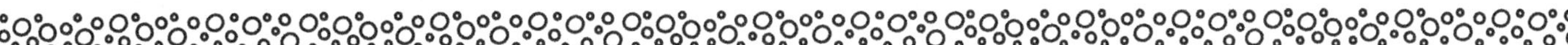

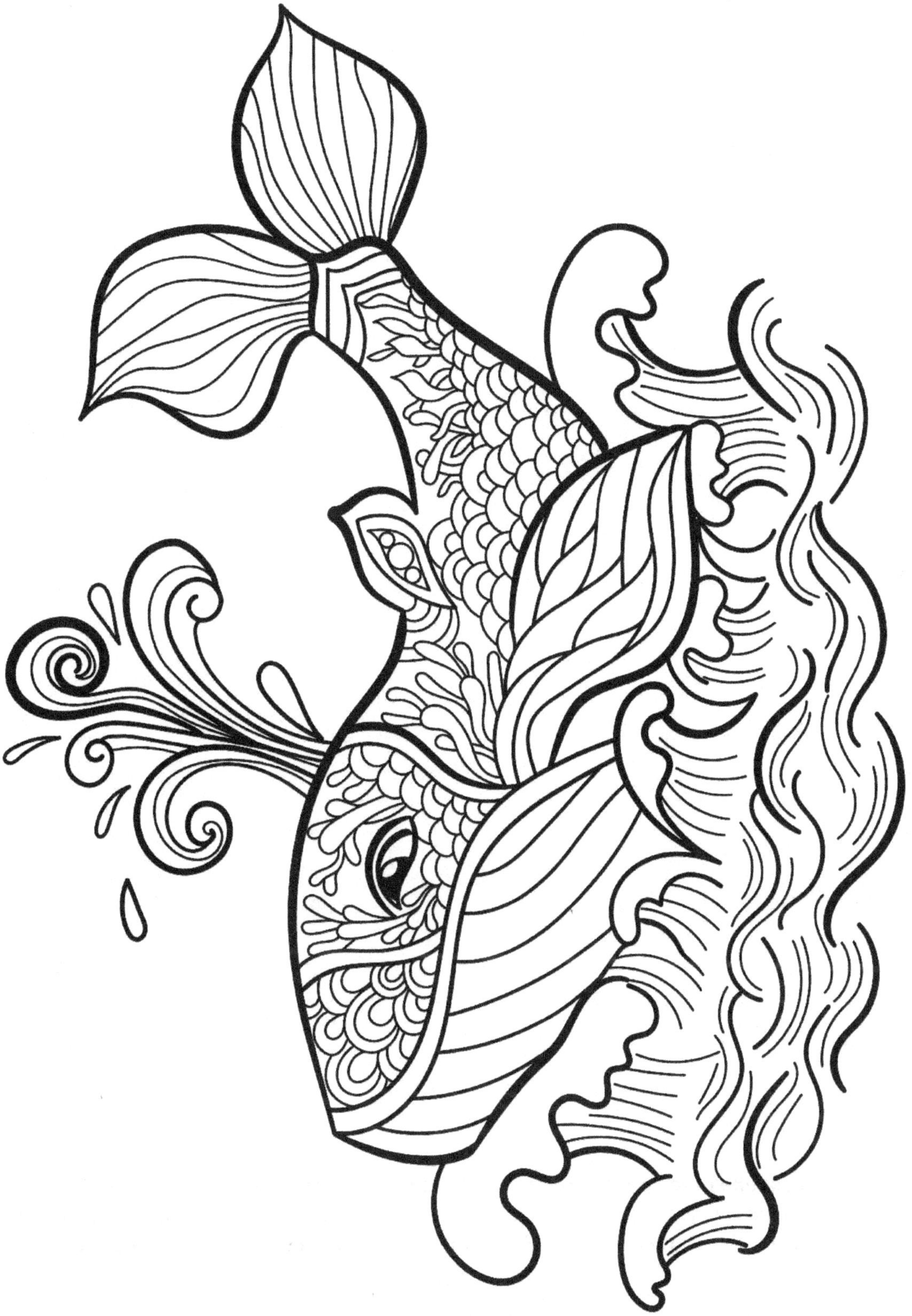

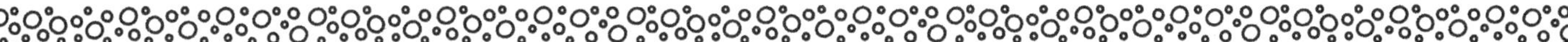

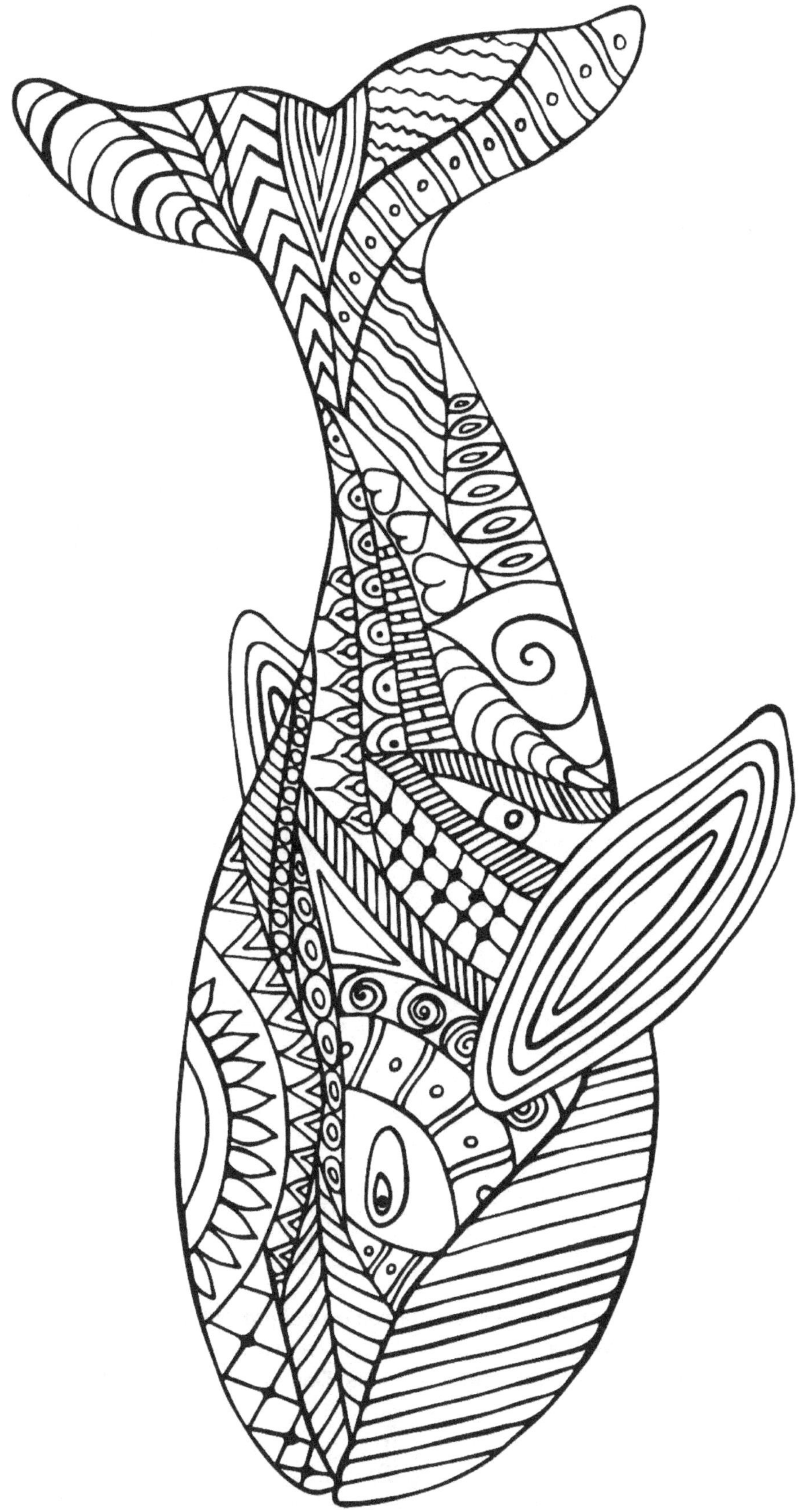

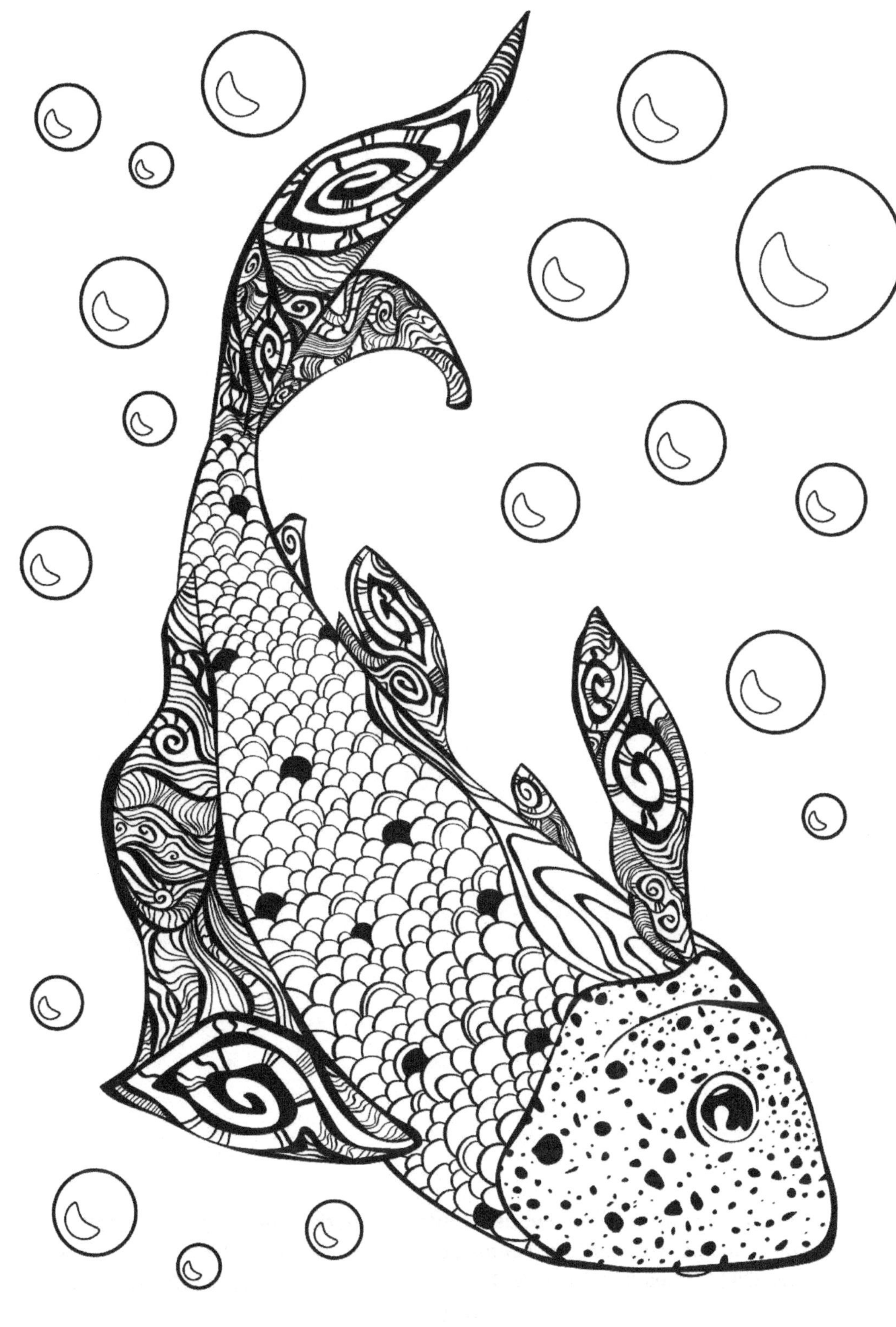

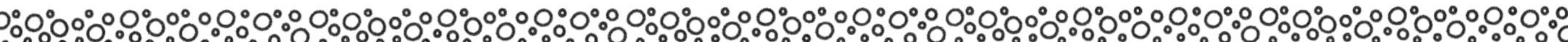

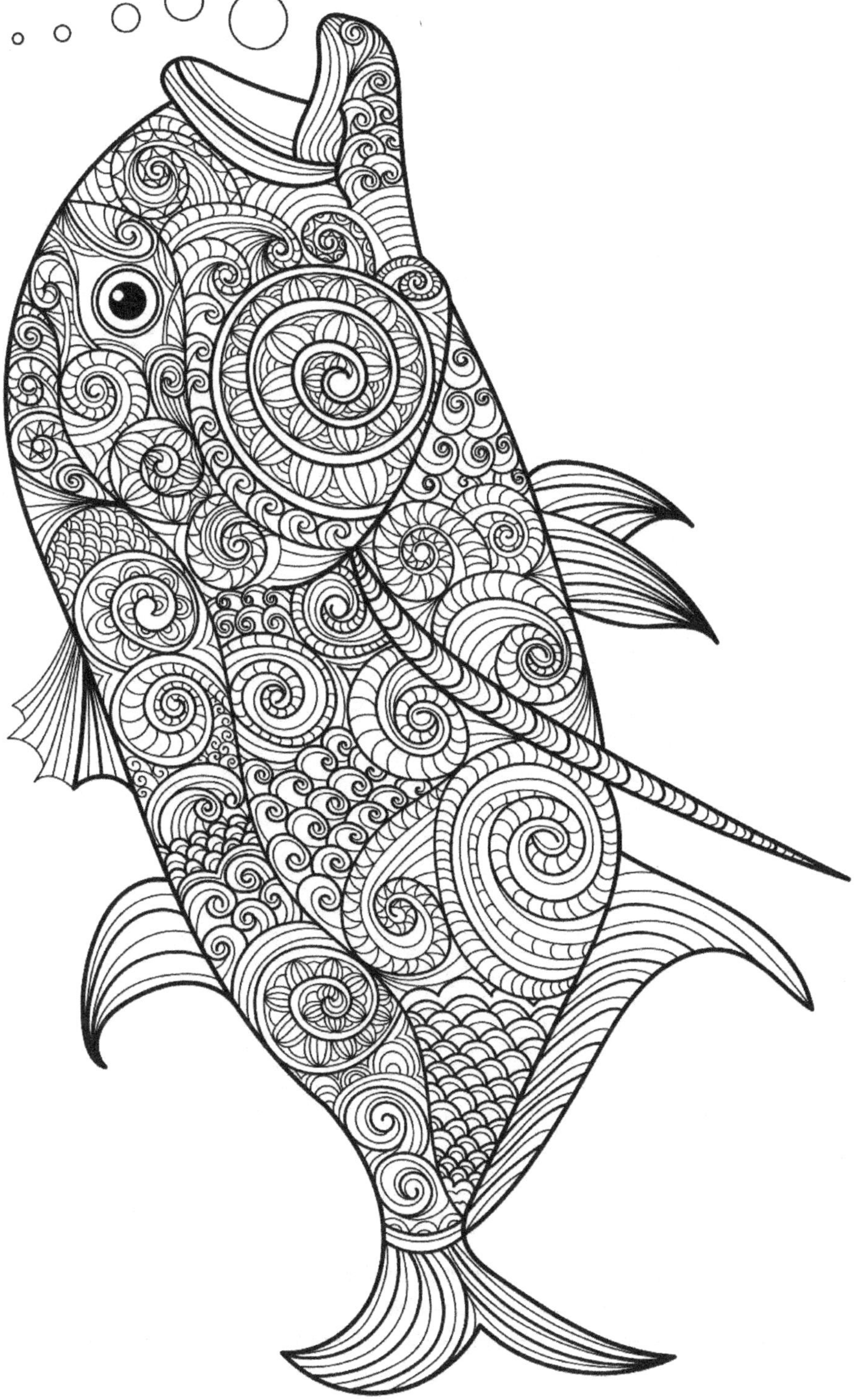

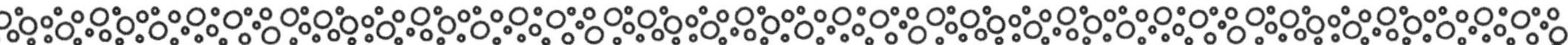

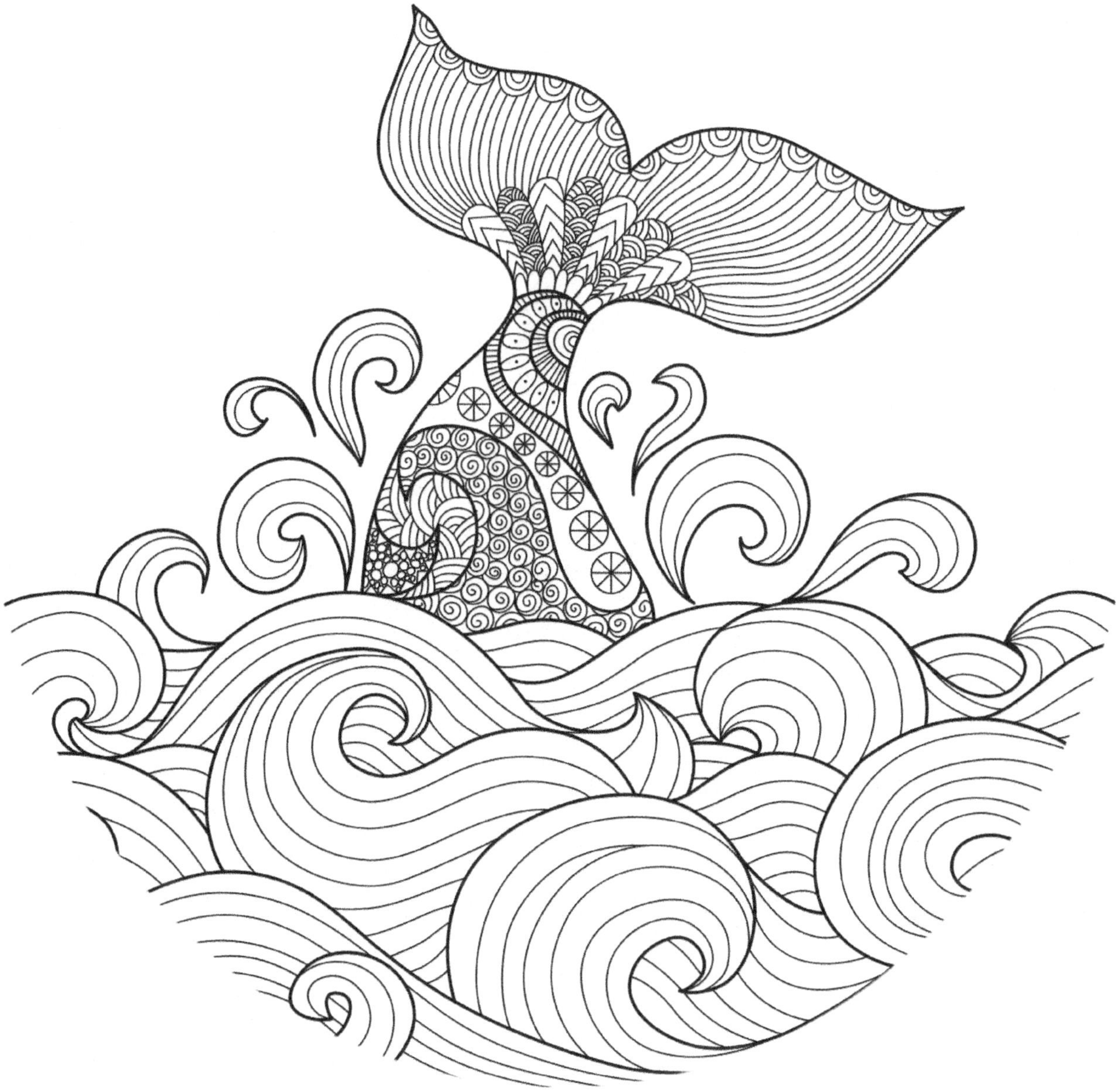

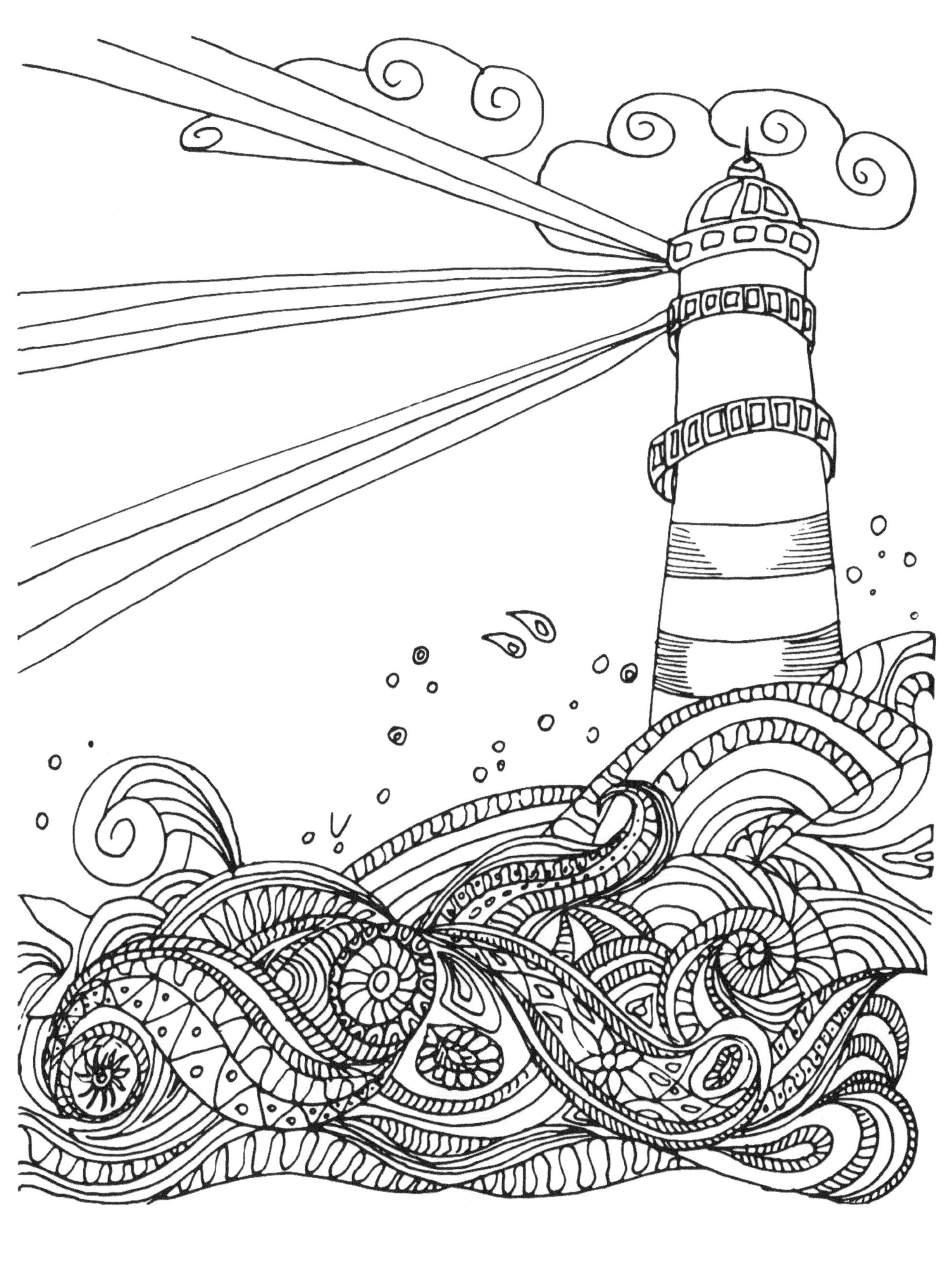

C'est une purge par Page si vous utilisez un coloriage feutre ou un stylo!
Trouver d'autres grands titres par la recherche de <u>Coloriage Bandit</u> *sur Favorite livre détaillant*
Amazon.Ca | Barnes & Noble (BN.Com) | J'ai Des Livres 1 Million (BAM.Com)

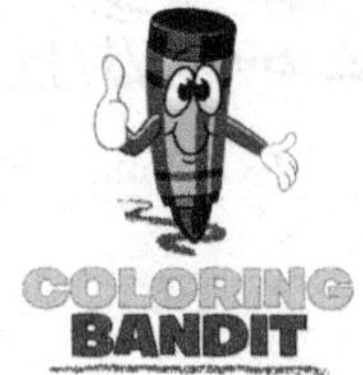

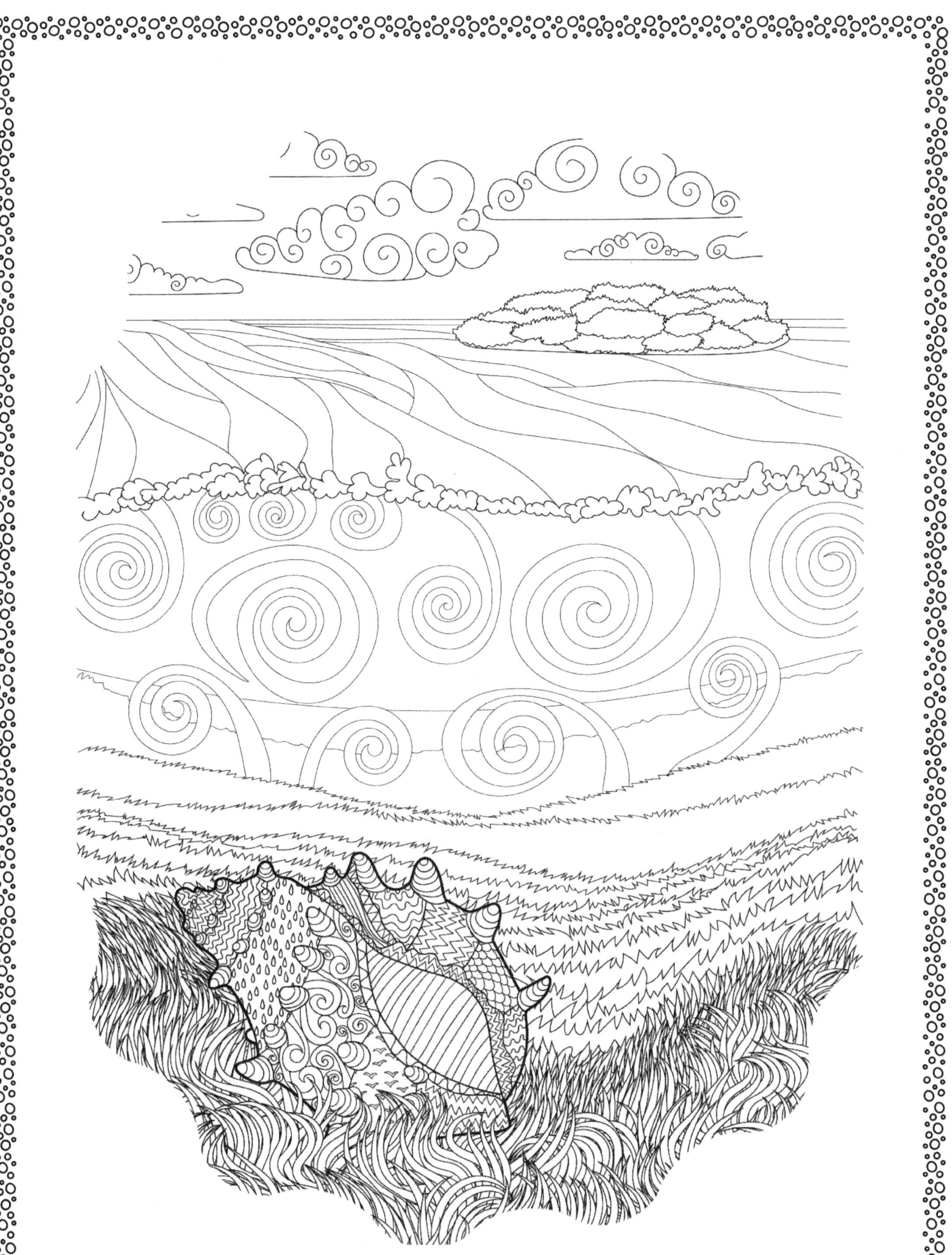

Made in the USA
Monee, IL
07 July 2026

56546043R00037